Grass | Im Krebsgang

Lektüreschlüssel XL

für Schülerinnen und Schüler

Günter Grass

Im Krebsgang

Von Theodor Pelster

Reclam

Dieser Lektüreschlüssel bezieht sich auf folgende Textausgabe: Günter Grass: *Im Krebsgang. Eine Novelle.* 12. Aufl. München: Deutscher Taschenbuch Verlag, 2016.

Lektüreschlüssel XL | Nr. 15452
2019 Philipp Reclam jun. GmbH & Co. KG,
Siemensstraße 32, 71254 Ditzingen
Druck und Bindung: Kösel GmbH & Co. KG,
Am Buchweg 1, 87452 Altusried-Krugzell
Printed in Germany 2019
RECLAM ist eine eingetragene Marke
der Philipp Reclam jun. GmbH & Co. KG, Stuttgart
ISBN 978-3-15-015452-6

Auch als E-Book erhältlich

www.reclam.de

Inhalt

1. Schnelleinstieg 7

2. Inhaltsangabe 11

3. Figuren 21
   - Historisch nachweisbare Personen 21
   - Vom Autor erfundene Figuren 28

4. Form und literarische Technik 43
   - Der Ich-Erzähler 43
   - Eine Novelle 44
   - Zwei Handlungsstränge 46

5. Quellen und Kontexte 51

6. Interpretationsansätze 58
   - Der Auftakt 58
   - Novellistisches Erzählen 64
   - Das »unerhörte Ereignis« 71
   - Standpunkte und ideologische Fixierungen 75
   - Die nationalsozialistische Ideologie in der Einschätzung von Tulla, Paul und Konrad Pokriefke 83

7. Autor und Zeit 87
   - Das Leben des Günter Grass 88
   - Werke des Autors 100

8. Rezeption 105

9. Wort- und Sacherläuterungen 108

10. Prüfungsaufgaben mit Lösungshinweisen 118

11. Literaturhinweise / Medienempfehlungen 126

12. Zentrale Begriffe und Definitionen 129

1. Schnelleinstieg

Autor	Günter Grass (1927–2015), Schriftsteller, Maler und Bildhauer, ausgezeichnet mit dem Nobelpreis für Literatur (1999)
Erscheinungsjahr	2002
Gattung	Novelle
Handlung	Verflochten werden drei Begebenheiten, die sich alle am gleichen Tag ereigneten: • die Geburt von Wilhelm Gustloff am 30. Januar 1895 (und dessen Ermordung durch den Juden David Frankfurter am 4. Februar 1936) • die Machtergreifung Hitlers am 30. Januar 1933 • der Untergang des Schiffes *Wilhelm Gustloff* am 30. Januar 1945, versenkt von U-Boot-Kommandant Alexander Marinesko Der Erzähler Paul Pokriefke, der am 30. Januar 1945 während des Untergangs der *Wilhelm Gustloff* geboren wurde, berichtet von diesen realen Ereignissen. Damit verbunden ist die fiktive Geschichte des Erzählers Pokriefke und seiner Familie; der Mutter Tulla, die noch nach Jahren von der *Gustloff* schwärmt, und dem Sohn Konrad, der schließlich, von der Großmutter beeinflusst, das Schiff und dessen Namensgeber zur Legende stilisiert und einer rechtsgerichteten Ideologie verfällt.
Ort und Zeit der Handlung	**Die gesamte Handlung** erstreckt sich über ca. ein Jahrhundert: Sie beginnt mit der Geburt Wilhelm Gustloffs im Jahr 1895. Die Geschichte des Schiffs *Gustloff* steht für den Erzähler beispielhaft für die Eckpunkte des nationalsozialistischen Regimes, beginnend mit der Machtergreifung am 30. Januar 1933 und endend mit der Kapitulation am 8. Mai 1945. **Erzählgegenwart:** Das aktuelle Geschehen spielt Mitte der 90er Jahre in Schwerin und Berlin.

> »[…] am 30. Januar 1945 begann, auf den Tag genau fünfzig Jahre nach der Geburt des Blutzeugen, das auf ihn getaufte Schiff zu sinken und so zwölf Jahre nach der Machtergreifung, abermals auf den Tag genau, ein Zeichen des allgemeinen Untergangs zu setzen.« (S. 11)

Der 30. Januar …

Drei Geschehen, die zeitlich weit auseinanderliegen und die auf den ersten Blick nichts miteinander zu tun haben, werden allein deshalb, weil sie sich jeweils »auf den Tag genau« am gleichen Datum – nämlich am 30. Januar – ereigneten, in Beziehung gesetzt.

… 1945: Der Untergang der *Gustloff*

Im Mittelpunkt steht das »Schiff«: Am 30. Januar 1945 wurde das mit weit mehr als 7000 Menschen beladene Passagierschiff *Wilhelm Gustloff*, das die vor den anrückenden russischen Truppen Flüchtenden über die Ostsee in den Westen Deutschlands bringen sollte, von einem russischen U-Boot torpediert und auf diese Weise versenkt. Dieses Ereignis, bei dem »mehr als fünftausend Menschen den Tod fanden«[1], wird häufig als die »größte Schiffskatastrophe im Zweiten Weltkrieg«[2] und als bitterster Beleg für das Schicksal der am Ende des Kriegs aus den Ostgebieten flüchtenden Deutschen angesehen. Wochen später – am 8. Mai 1945 – kapitulierte die deutsche Wehrmacht bedingungslos und der Krieg war für die Deutschen beendet.

1 Heinz Schön, *Die »Gustloff«-Katastrophe. Bericht eines Überlebenden über die größte Schiffskatastrophe im Zweiten Weltkrieg*, Stuttgart 1984, S. 2.

2 Schön (s. Anm. 1), S. 3.

Wilhelm Gustloff, auf den das Schiff getauft war, wurde am 30. Januar 1895 in Schwerin geboren, war später »Landesgruppenleiter Schweiz der NSDAP« und wurde am 4. Februar 1936 von dem jüdischen Medizinstudenten David Frankfurter in Davos erschossen. Die Umstände genügten, ihn zum Märtyrer der nationalsozialistischen Bewegung zu erklären und ihn als Vorbild für treue Gefolgschaft und Führergehorsam zu empfehlen. Die Schiffstaufe war ein Propagandaakt unter vielen.

… 1895: Geburt des »Blutzeugen« Gustloff

Mit der »Machtergreifung« ist die Ernennung Adolf Hitlers zum Reichskanzler am 30. Januar 1933 gemeint. Hitler und die Nationalsozialisten nutzten die Stellung des Regierungschefs systematisch zum Ausbau der nationalsozialistischen Herrschaft in und über Deutschland. Als »Machtergreifung« wird zudem der Prozess bezeichnet, der Deutschland durch eine Reihe von Gesetzen und Verordnungen in der Zeit vom 30. Januar 1933 bis zum August 1934 in die Diktatur stürzte: »Am 20. August 1934 besaß Hitler die unumschränkte Macht in Deutschland. Als ›Führer und Reichskanzler‹ war er Staatsoberhaupt, Parteichef, Oberster Gerichtsherr und Oberbefehlshaber der Wehrmacht.«[3] So lautet der historische Befund.

… 1933: »Machtergreifung« Hitlers

Nicht nur die Versenkung der *Gustloff* am 30. Januar 1945, sondern auch die Ernennung Hitlers zum Reichskanzler am 30. Januar 1933 wird in dem zu Beginn zitierten Satz als »Zeichen des allgemeinen Un-

3 *Geschichte und Geschehen II*, hrsg. von Ludwig Bernlochner, Stuttgart/Düsseldorf/Leipzig 1997, S. 316.

tergangs« angesehen. Da das Elend der Flucht als Folge des Krieges und letztlich als Konsequenz der Machtpolitik Hitlers zu erklären ist, sind die Anfänge des Untergangs eher in der »Machtergreifung« als in den Fluchtbewegungen der Deutschen zu sehen. Diese Deutung der geschichtlichen Zusammenhänge hat sich spätestens seit der Rede von Bundespräsident Richard von Weizsäcker anlässlich des 40. Jahrestags der deutschen Kapitulation durchgesetzt, in der er unter allgemeinem Beifall sagte: »Wir dürfen den 8. Mai 1945 nicht vom 30. Januar 1933 trennen.«[4]

Der Erzähler von *Im Krebsgang* wird jedoch keine historische Darstellung und keinen Bericht im strengen Sinne des Wortes abliefern; er kündigt vielmehr eine »Novelle« an. Damit wählt er eine literarische Form, in der Ereignisse und Begebenheiten ganz unterschiedlicher Art gestaltet werden. Dem Erzähler einer Novelle wird empfohlen, »das Alltägliche […] so kurz als möglich abzufertigen«, stattdessen »bey dem Außerordentlichen und Einzigen zu verweilen.«[5] Was aber als außerordentlich und einzig zu gelten hat, darüber entscheidet der Erzähler. Er wird das, was er erlebt und erfahren hat, zu dem in Beziehung setzen, was abstrahiert »deutsche Geschichte« genannt wird.

Die literarische Formung zur Novelle

4 Zitiert nach: Rolf Grix / Wilhelm Knöll, *Die Rede zum 8. Mai 1945. Texte zum Erinnern, Verstehen und Weiterdenken*, Oldenburg 1987, S. 27.

5 August W. Schlegel, zitiert nach: Josef Kunz, »Die Novelle«, in: Otto Knörrich, *Formen der Literatur*, Stuttgart 1981, S. 261.

2. Inhaltsangabe

Im Mittelpunkt der Novelle *Im Krebsgang* steht jene »Katastrophe«, die sich am Ende des Zweiten Weltkriegs in der Ostsee ereignete: Dort wurde am 30. Januar 1945 die *Wilhelm Gustloff* versenkt – ein Passagierschiff mit einer Länge von 208,5 Metern und einer Breite von 23,5 Metern, das von den Nationalsozialisten als Urlaubs-Reiseschiff erbaut worden war und später als Fluchtschiff vor den anrückenden russischen Truppen dienen sollte. Eine zweite Katastrophe, die der Erzähler als »privates Unglück« (S. 88) bezeichnet, hat mittelbar mit diesem Ereignis zu tun.

1

Als Ich-Erzähler stellt sich der Journalist Paul Pokriefke vor, der bei mehreren bundesrepublikanischen Zeitungen gearbeitet hat und seit langem gedrängt wird, »diese Geschichte« (S. 7) vom Untergang der *Gustloff* aufzuschreiben. Seit Jahren hat ihn seine Mutter, Ursula Pokriefke, von Kind an »Tulla« (S. 12) genannt, vergeblich gebeten, über das »Unglück« (S. 12) zu berichten. Erst als die lange zurückliegenden Ereignisse von Rechtsradikalen im Internet propagandistisch ausgeschlachtet werden, versucht der Erzähler herauszufinden, wer unter der Adresse »www.blutzeuge.de« anzutreffen ist und was es mit der »Kameradschaft Schwerin« auf sich hat (S. 8). Unterstützt wird er von einem »Namenlosen«, der über Informa-

■ Die Geschichte vom Untergang der *Gustloff*

tionen verfügt und ebenfalls Interesse hat, dass die Sache erforscht wird, aber selbst nicht in Erscheinung treten will.

Pokriefke überwindet sich, die gesamte Geschichte, die »vor mehr als hundert Jahren [...] in der mecklenburgischen Residenzstadt Schwerin« (S. 7) begann, genau zu recherchieren.

Lebensläufe: Gustloff, Frankfurter, Marinesko

Zunächst gibt er einen Überblick über die Lebensläufe der Menschen, die am engsten mit der Geschichte des Schiffes verknüpft sind.

Er beginnt mit Wilhelm Gustloff, der am 30. Januar 1895 in Schwerin geboren wurde, früh in die Partei der Nationalsozialisten eintrat und in den dreißiger Jahren »Landesgruppenleiter der NSDAP« (S. 10) in der Schweiz wurde. In der schweizer Gemeinde Davos wird er am 4. Februar 1936 von dem Medizinstudenten David Frankfurter erschossen, der so die von Deutschen an Juden begangenen Grausamkeiten rächen will: »Ich habe geschossen, weil ich Jude bin« (S. 28). Wilhelm Gustloff gilt von nun an als »Blutzeuge der nationalsozialistischen Bewegung« (S. 29), dem zu Ehren Straßen, Plätze, Schulen und das neu erbaute Schiff benannt werden. Das Schiff ist wichtiges Propagandamittel der nationalsozialistischen »Kraft durch Freude«-Bewegung (abgekürzt: KdF). Es wird am Ende des Zweiten Weltkriegs durch den russischen U-Boot-Kapitän Alexander Marinesko, der 1913 in Odessa geboren wurde, zerstört. Marinesko wird dadurch zum »Helden der baltischen Rotbannerflotte« (S. 14). Die Geschichte der drei historisch bezeugten Personen Gustloff, Frankfurter und Marinesko bildet den äußeren Rahmen der Novelle.

2

Noch einmal betont der Erzähler, dass er am liebsten »[d]ie *Gustloff* und ihre verfluchte Geschichte« (S. 31) liegenlassen möchte. Ihn hat schon als Kind genervt, dass »der ewig-währende Untergang« ein beliebtes »Sonntagsthema« (S. 33) seiner Mutter war, die für die *Gustloff* schwärmte, seit ihre Eltern 1939 an einer Norwegenfahrt mit dem KdF-Schiff teilgenommen hatten. Tulla Pokriefke hält das Schiff in guter Erinnerung, obwohl sie beinahe damit untergegangen wäre. Während der turbulenten Rettungsaktion im Januar 1945 wurde ihr Sohn Paul geboren, der nun höchst widerwillig erzählt.

■ Tulla Pokriefke, die Überlebende

Paul greift zurück und berichtet vom Prozess in der Schweiz im Jahr 1936, in dem Frankfurter zu »achtzehn Jahre[n] Zuchthaus« verurteilt wurde und »danach Landesverweis« (S. 47) erhielt, von der triumphalen Überführung der Leiche Wilhelm Gustloffs und der »Trauerfeier in Schwerins Festhalle« (S. 35), von der Schiffstaufe in Hamburg und von Alexander Marinesko, der vorläufig noch einen »Kommandeurkurs« (S. 53) besucht.

■ »Wilhelm« und »David« im Internet-Dialog

Im Internet verfolgt der Erzähler, wie ein nicht näher genannter Wilhelm mit einem David einen »Internet-Dialog« (S. 49) führt, in dem der Prozess gegen

Frankfurter nachgespielt wird. Wilhelm ergreift Partei für Gustloff und beschimpft David als »Itzig«, während David für Frankfurter eintritt und Wilhelm als »Nazischwein« tituliert (S. 49).

3

Während Frankfurter in Chur in Haft sitzt und Marinesko »das Schiffeversenken übte« (S. 68), läuft die *Gustloff* zunächst zur »Probefahrt« aus, dann zur »Jungfernfahrt« (S. 57) und schließlich zu mehrtägigen Auslandsreisen nach Norwegen, Italien und Madeira.

Die *Gustloff* – »ein schwimmendes Erlebnis«

In allen Einzelheiten beschreibt der Erzähler das Schiff, das von den Reisenden einst als »ein schwimmendes Erlebnis« (S. 57) gepriesen wurde. Seine Angaben übernimmt er weitgehend aus dem 515 Seiten starken Band »Die *Gustloff*-Katastrophe. Bericht eines Überlebenden«, verfasst von Heinz Schön, der, wie der Erzähler lobt, alles gesammelt und aufgeschrieben hat, »was die *Gustloff* in guten und schlechten Zeiten betraf« (S. 62).

Im Internet wird das Schicksal der *Gustloff* neuerdings von rechtsradikal Gesinnten immer mehr zur »Legende« (S. 63) stilisiert. Zutiefst erschrocken muss der Erzähler feststellen, dass hinter dem Decknamen Wilhelm sein Sohn Konrad steckt.

4

Als der Zweite Weltkrieg ausbricht, wird Frankfurter in eine weiter von der deutschen Grenze entfernte Haftanstalt verlegt und Alexander Marinesko bekommt als Kapitän ein neues U-Boot mit zehn Torpedos an Bord unterstellt. Die *Gustloff* wird »im Verlauf der Nacht vom 24. zum 25. August« (S. 79) 1939 durch Funkspruch von einer Norwegen-Reise zurückbeordert und zum »Lazarettschiff mit fünfhundert Betten umgerüstet« (S. 80). Im November 1940 ist es auch damit vorbei. Die *Gustloff* wird Wohn- und Ausbildungsschiff, eine »schwimmende Kaserne« (S. 84), und liegt in der »Hafenstadt [...] Gotenhafen« ab jetzt »für Jahre fest« (S. 85).

Die *Gustloff* – »eine schwimmende Kaserne«

Im Vorgriff erfährt man, dass sich die Überlebenden der Katastrophe zuerst 1985 und wieder 1995 getroffen haben. Auf dem Treffen vom 28. bis 30. Januar 1995, bei dem es keinen »Unterschied zwischen Ossis und Wessis« mehr gibt, hält Heinz Schön einen Vortrag, der den Anwesenden aber nicht parteiisch genug ist. Frau Pokriefke hatte ihren Sohn Paul überredet, an dem Treffen teilzunehmen; ihren Enkel Konrad bearbeitet sie, »Verkünder der Legende eines Schiffes« (S. 95) zu werden. Konrad zeigt sich bereit.

5

Die Flucht vor den russischen Eroberern

Wie unter Zwang schreibt der Erzähler weiter und nähert sich den kritischen Tagen Ende Januar 1945. Die vorrückenden russischen Truppen sind dabei, »Rache zu nehmen für das von den faschistischen Bestien verwüstete Vaterland« (S. 101); die aus Ostpreußen fliehende Zivilbevölkerung hofft, auf dem Seeweg den russischen Eroberern zu entkommen, und setzt unter anderem auf die *Gustloff*, die inzwischen zum Flüchtlingsschiff umgerüstet ist. Tulla Pokriefke erhält als Schwangere auf dem weit überbesetzten Schiff einen bevorzugten Platz, während die Eltern ins Schiffsinnere verwiesen werden und dort später die Katastrophe nicht überleben.

Die letzte Rundfunkansprache Hitlers

Als Hitlers Rede – »Heute vor zwölf Jahren, am 30. Januar 1933, […] hat mir die Vorsehung das Schicksal des deutschen Volkes in die Hand gelegt …« (S. 119) – über Lautsprecher auf dem Schiff verbreitet wird, ist »das sowjetische Unterseeboot *S 13*« (S. 121) schon ausgelaufen, um die *Gustloff* zu torpedieren.

6

Im Januar 1945 »ist der Untergang des Großdeutschen Reiches schon eingeläutet« (S. 123): An allen Frontabschnitten werden die deutschen Truppen zurückgedrängt; die Flucht der Zivilbevölkerung aus dem Osten ist Teil dieses Untergangs; die Zerstörung der *Gustloff* wird zum exemplarischen Ereignis des Kriegsendes.

Auf dem überladenen Schiff sind Matrosen der »Kriegsmarine«, »Marinehelferinnen« (S. 125), »weit über viertausend Säuglinge, Kinder, Jugendliche« (S. 126), verwundete Soldaten und alte Männer und Frauen. Der Kapitän des russischen U-Boots *S 13*, Alexander Marinesko, bereitet den Angriff sorgfältig vor und gibt um 21:04 Uhr den Befehl, vier Torpedos auf die *Gustloff* abzuschießen. Das getroffene Schiff beginnt zu sinken: »Was aber im Schiffsinneren geschah, ist mit Worten nicht zu fassen« (S. 136).

■ Die Torpedierung des Schiffs

Frau Pokriefke erinnert sich: »Glaich nachem letzten Bums jingen bai mir die Wehen los …« (S. 138). Paul Pokriefke wird geboren, »jenau als die Justloff absoff« (S. 145).

Jahrzehnte später – nämlich im Jahr 1996 (S. 32) – sind »Wilhelm«, Pauls und Gabis Sohn, und »David«, sein Internet-Partner, Wortführer in einem ihrer Ansicht nach »seit langem überfälligen Diskurs« (S. 149) darüber, wie die Zerstörung der *Gustloff* zu beurteilen sei.

■ Diskurs zwischen »Wilhelm« und »David«

7

Mutter Pokriefke und ihr Sohn Paul werden am 31. Januar 1945 in Kolberg an Land gebracht. Mitte März geht die Flucht weiter und endet in Schwerin, der Stadt, in der Wilhelm Gustloff einst geboren wurde und in der jetzt Tulla Pokriefke Wohnung und Arbeit findet.

■ Tulla Pokriefke in Schwerin

Alexander Marinesko versenkt ein weiteres Schiff

Marineskos Enttäuschung

und ist enttäuscht, dass man ihn bei seiner Rückkehr in den Hafen Turku »nicht gebührend als Helden« (S. 154) feiert. Erst Jahre später wird er als »U-Boot-held« anerkannt – »nunmehr im Ruhestand und mit Anspruch auf Pension« (S. 169).

Deutschland wird geteilt; Schwerin gehört zur »sowjetisch besetzten Zone« (S. 164); Denkmal und Ehrenhain und alles, was an Gustloff erinnert, werden, so gut es geht, beseitigt.

David Frankfurter wird im Juni 1945 aus dem Schweizer Gefängnis entlassen; er beabsichtigt, »nach Palästina auszureisen, hoffend auf ein zukünftiges Israel« (S. 159).

Die Auseinandersetzungen zwischen »Wilhelm« und »David« gehen online weiter. Sie wollen sich nun auch persönlich kennenlernen und planen ein Treffen für den 20. April 1997 – das ist der Geburtstag Adolf Hitlers – in Schwerin. »David« Stremplin reist aus Karlsruhe an und lässt sich von Konrad Pokriefke durch Schwerin führen. Als »David« »auf das vermooste Fundament« (S. 174) des Gustloff-Gedenksteins spuckt, zieht Konrad eine Waffe, schießt »viermal« und erklärt später auf der Polizeiwache: »Ich habe geschossen, weil ich Deutscher bin« (S. 175).

»Wilhelm« erschießt »David«

8

Der Prozess findet »im Schweriner Landgericht vor der großen Jugendkammer« (S. 180) statt; das Urteil lautet auf Totschlag, die Haftstrafe beträgt »sieben Jahre Jugendhaft« (S. 197).

Der Prozess gegen Konrad Pokriefke

Im Prozess tritt Tulla Pokriefke, die Großmutter des Angeklagten, als Zeugin der Verteidigung auf. Konrad selbst steht zu seiner Tat und begründet sein Denken und Handeln in einer langen Rede.

Konrads Eltern machen von ihrem Recht der Aussageverweigerung Gebrauch. Sie suchen durchaus selbstkritisch nach Gründen für Konrads Verhalten und nach eigenen Fehlern in der Erziehung. Die Eltern des Ermordeten, Herr und Frau Stremplin, nehmen über weite Strecken am Prozess teil, geben zu, dass ihr Sohn Wolfgang, der sich den Namen »David« aus Sympathie für die jüdische Sache selbst zugelegt habe, »immer ein Sonderling gewesen« (S. 185) sei; auch sie fragen sich, ob sie in der Erziehung versagt haben.

9

In der Jugendhaftanstalt wird Konrad regelmäßig von Rosi, seiner Freundin, von Tulla Pokriefke, seiner Großmutter, und von seinem Vater besucht. Der Inhaftierte kommt mit seiner Umgebung und mit seiner Situation gut zurecht. Er findet Tischtennis-Freunde und er hat die Möglichkeit, im Fernunter-

Konrad in der Haftanstalt

richt das Abitur zu machen. Er scheint sich von seiner Vergangenheit gelöst zu haben, als er ein Modell der *Gustloff*, das er nach Vorlage gebastelt hat, im Beisein seines Vaters zerstört. Der Erzähler ist erleichtert. Als er jedoch kurz darauf im Internet die Adresse »www.kameradschaft-konrad-pokriefke.de« und die Botschaft »Wir glauben an Dich, [...] wir folgen Dir ...« findet, stellt er resignierend fest: »Das hört nicht auf. Nie hört das auf« (S. 216).

3. Figuren

Die erzählte Geschichte, in deren Mittelpunkt der Untergang der *Gustloff* steht, bildet ein »Erzählgewebe aus Fiktion und Wirklichkeit«[6]. Es ist daher nicht verwunderlich, dass eine Reihe von Personen der geschichtlichen Wirklichkeit entstammt. Genauere Informationen über sie sind historischen Darstellungen und Lexika zu entnehmen. In der Novelle bleiben sie bis auf die unmittelbar mit der Geschichte des Schiffs Verbundenen im Hintergrund. Die Hauptfiguren der Novelle sind vom Autor erfunden.

Historisch nachweisbare Personen

Adolf Hitler (1889–1945), seit dem 30. Januar 1933 Reichskanzler, seit 1934 »Führer und Reichskanzler«, ist die in der Zeit von 1933 bis April 1945 alles bestimmende Person, die in der Novelle aber im Hintergrund bleibt.

Rudolf Heß (1894–1987) ist bis 1941 sein Stellvertreter.

Hermann Göring (1893–1946) gehört zu den frühen Mitgliedern der NSDAP, wird 1933 Reichsminister für Luftfahrt und 1940 Reichsmarschall.

6 Stefan Aust / Stephan Burgdorff, *Die Flucht. Über die Vertreibung der Deutschen aus dem Osten*, Stuttgart/München 2002, S. 47.

Joseph Goebbels (1897–1945) war seit 1930 Reichspropagandaleiter der NSDAP und später Reichsminister für Volksaufklärung und Propaganda.

Heinrich Himmler (1900–1945), Reichsführer SS und Reichsinnenminister, von 1939 an »Reichskommissar für die Festigung deutschen Volkstums« und als solcher mit der Aufgabe der Umsiedlungs- und Germanisierungspolitik beauftragt und verantwortlich für die Durchführung des Völkermords.

Ernst Röhm (1887–1934) wurde 1934 wegen eines angeblichen Putschversuchs ermordet, nachdem er vorher zu den ersten Anhängern Hitlers gehört hatte und seit 1930 Stabschef der SA war.

Erich Raeder (1876–1960) war von 1935 an Oberbefehlshaber der Kriegsmarine, seit 1939 Großadmiral. Nach Auseinandersetzungen mit Hitler wurde er von Dönitz abgelöst.

Karl Dönitz (1891–1980) war von 1943 an Oberbefehlshaber der Marine; er wurde in Hitlers Testament zum Reichspräsidenten ernannt und übte das Amt vom 1. bis zum 23. Mai 1945 aus.

Gregor Strasser (1892–1934) trat 1921 der NSDAP bei, gehörte dem linken Flügel der Partei an und galt als Idealist. Nach Auseinandersetzungen mit Hitler wurde er im Zuge des sogenannten Röhm-Putsches 1934 ermordet.

Robert Ley (1890–1945) war seit 1933 Leiter der DAF (Deutsche Arbeitsfront), die das Vermögen der Gewerkschaften übernahm und alle Arbeitgeber und Arbeitnehmer in einer Massenorganisation zusammenfasste. Die »NS-Gemeinschaft Kraft durch Freude« war eine Organisation der DAF und hatte die Aufgabe, die Freizeitbeschäftigungen der Arbeiter und Angestellten im Sinne des Nationalsozialismus zu lenken.

Stalin (eigentlich Jossif Wissarionowitsch Dschugaschwili) (1878–1953) war 30 Jahre lang (von 1922 bis 1953) Erster Sekretär der KPdSU und damit faktisch Staatschef der Sowjetunion.

Walter Ulbricht (1893–1973) war seit 1950 Generalsekretär der SED und lenkte 20 Jahre lang die Geschicke der DDR.

Erich Honecker (1912–1994) war der letzte allmächtige Generalsekretär der SED (1971–1989).

Andreas Baader (1943–1977) und **Ulrike Meinhoff** (1934–1976): zwischen 1968 und 1970 führende Köpfe der terroristischen Rote-Armee-Fraktion (RAF).

Rudi Dutschke (1940–1979) war zwischen 1965 und 1970 der führende Theoretiker der ›außerparlamentarischen Opposition‹ (APO), wurde 1968 auf offener Straße niedergeschossen und starb 1979 an den Spätfolgen des Attentats.

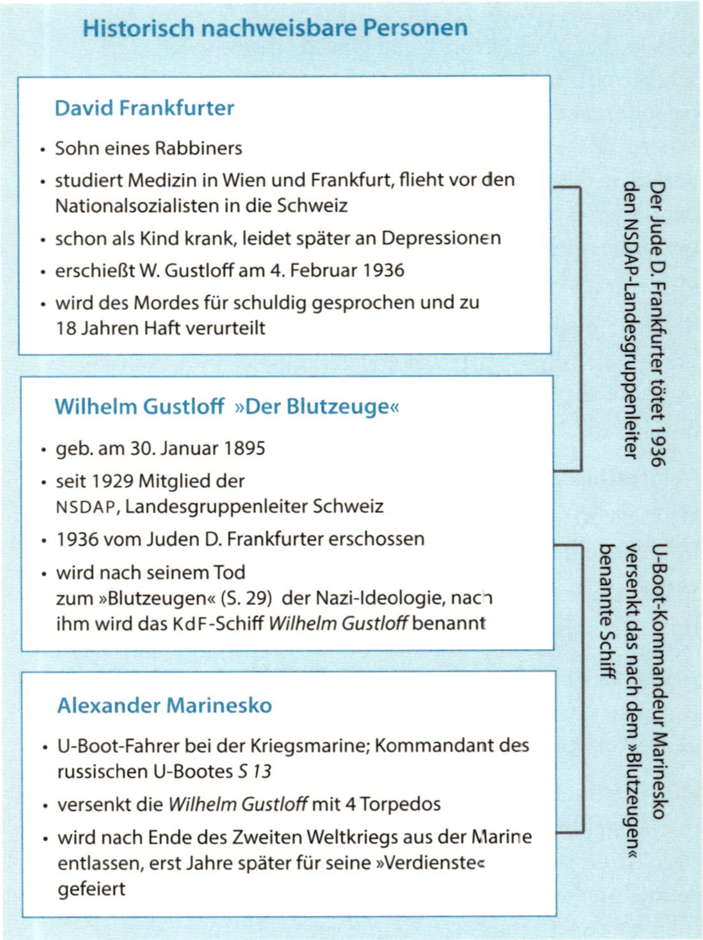

Historisch nachweisbare Personen

David Frankfurter

- Sohn eines Rabbiners
- studiert Medizin in Wien und Frankfurt, flieht vor den Nationalsozialisten in die Schweiz
- schon als Kind krank, leidet später an Depressionen
- erschießt W. Gustloff am 4. Februar 1936
- wird des Mordes für schuldig gesprochen und zu 18 Jahren Haft verurteilt

Der Jude D. Frankfurter tötet 1936 den NSDAP-Landesgruppenleiter

Wilhelm Gustloff »Der Blutzeuge«

- geb. am 30. Januar 1895
- seit 1929 Mitglied der NSDAP, Landesgruppenleiter Schweiz
- 1936 vom Juden D. Frankfurter erschossen
- wird nach seinem Tod zum »Blutzeugen« (S. 29) der Nazi-Ideologie, nach ihm wird das KdF-Schiff *Wilhelm Gustloff* benannt

U-Boot-Kommandeur Marinesko versenkt das nach dem »Blutzeugen« benannte Schiff

Alexander Marinesko

- U-Boot-Fahrer bei der Kriegsmarine; Kommandant des russischen U-Bootes *S 13*
- versenkt die *Wilhelm Gustloff* mit 4 Torpedos
- wird nach Ende des Zweiten Weltkriegs aus der Marine entlassen, erst Jahre später für seine »Verdienste« gefeiert

Abb. 1: Figurenkonstellation: historisch nachweisbare Personen

Wilhelm Gustloff

Wilhelm Gustloff wird am 30. Januar 1895 im mecklenburgischen Schwerin geboren, beginnt nach der Mittleren Reife eine Banklehre und geht 1917 in die Schweiz, wo er ein Lungenleiden auskurieren soll. In der Schweiz findet er eine Stelle als Observationssekretär am Meteorologischen Institut. Im Jahr 1921 schließt er sich »dem deutschvölkischen Schutz- und Trutzbund an«[7], 1929 tritt er der »Nationalsozialistischen Deutschen Arbeiterpartei« bei und gründet »im September 1930 den ›Stützpunkt Davos der NSDAP‹, ein Jahr später die ›Ortsgruppe Davos‹ und wird vom Führer zum ›Landesgruppenleiter Schweiz der NSDAP‹ ernannt«[8]. Sein Treuebekenntnis »Ich liebe auf der Welt am meisten meine Frau und meine Mutter. Wenn mein Führer mir befähle, sie zu töten, würde ich ihm gehorchen« (S. 10) ist bezeugt; es »stand im *Reichsdeutschen*, der Parteizeitung für die Deutschen in der Schweiz«[9].

■ Beitritt zur NSDAP

Wilhelm Gustloff wird in seiner Privatwohnung in Davos am 4. Februar 1936 von dem Medizinstudenten David Frankfurter erschossen. Die Nationalsozialisten organisieren seine Überführung nach Deutschland wie auch die Trauerfeier in Schwerin und stilisieren ihn zum »Blutzeugen der Bewegung« (S. 14). Sie setzen ihm in Schwerin ein Denkmal, benennen Straßen und Plätze nach ihm und taufen das von der

■ Stilisierung zum »Blutzeugen«

7 Schön (s. Anm. 1), S. 16.
8 Schön (s. Anm. 1), S. 16.
9 Schön (s. Anm. 1), S. 17.

»Deutschen Arbeitsfront« in Auftrag gegebene KdF-Schiff auf »den jüngsten Blutzeugen der Bewegung« (S. 41), Wilhelm Gustloff.

David Frankfurter

David Frankfurter wird »1909 in der serbischen Stadt Daruvar als Sohn eines Rabbiners geboren« (S. 15). Er ist von Geburt an krank, leidet an einem Knochentumor und wird sechsjährig zum ersten Mal operiert: »Die Ärzte geben ihm keine lange Lebenserwartung. Seiner Neigung entsprechend, beginnt er 1929 das Studium der Medizin in Wien, geht dann später nach Leipzig, Berlin und Frankfurt.«[10] In Frankfurt sieht er, »wie die Bücher jüdischer Autoren verbrannt« werden, wie man seinen Onkel, einen Rabbiner, mit dem Ruf »Jude, hepp, hepp« verhöhnt und wie sein Arbeitsplatz im Labor mit einem »Davidstern« gekennzeichnet wird (S. 16).

■ Judenverfolgung

Er flieht in die Schweiz, setzt dort das Studium fort und verfällt in eine Depression, durch die »der Gedanke an Selbstmord« (S. 17) in ihm aufkommt. Ein medizinisches Gutachten erklärt später, dass der Selbsterhaltungstrieb ihn vor der Selbsttötung bewahrt habe, dass dieser Trieb »die Kugel […] auf ein anderes Opfer abgelenkt« (S. 17) habe. Dieses Opfer ist Wilhelm Gustloff.

■ Mord statt Selbstmord

Der Prozess, der »weit über die Schweiz und

10 Schön (s. Anm. 1), S. 13.

Deutschland hinaus Beachtung findet«[11], beginnt am 9. Dezember 1936 in Chur und endet am 14. Dezember. Frankfurter wird des Mordes schuldig gesprochen und zu 18 Jahren Zuchthaus verurteilt.

Erst nach dem Ende des Zweiten Weltkriegs, am 1. Juni 1945, wird einem Gnadengesuch entsprochen. Sofort nach seiner Entlassung beschließt Frankfurter, »nach Palästina auszureisen, hoffend auf ein zukünftiges Israel« (S. 159).

Alexander Marinesko

Alexander Marinesko wird 1913 »in der Hafenstadt Odessa, am Schwarzen Meer gelegen« (S. 13), geboren. »Seine Mutter stammte aus der Ukraine. Der Vater war Rumäne« (S. 13). In Odessa erlebt »der siebenjährige Alexander« (S. 14), wie sich die Bolschewiken, auch die »Roten« genannt, gegenüber den Menschewiken, den »Weißen«, durchsetzen. In einem Bürgerkrieg besiegen die radikalen Roten, die sich unter Lenin zur »Kommunistischen Partei der Sowjetunion« zusammengeschlossen haben, die innenpolitischen Gegner, aber auch den »Rest der britischen und französischen Interventionsarmeen« (S. 14).

Marinesko wird »Mitglied der Jugendorganisation Komsomol« (S. 23), dann Schiffsmaat bei der Handelsmarine, wechselt über zur Kriegsmarine, wird zum U-Boot-Fahrer ausgebildet und zunächst »als

11 Schön (s. Anm. 1), S. 22.

U-Boot-Kommandant

Navigationsoffizier einem U-Boot zugeteilt, dem *Sch 306 Pische*« (S. 24); später – in der Stalin-Ära – wird er »Kommandant eines U-Bootes« (S. 53), nimmt an Übungen »für den Ernstfall« (S. 72) teil und bekommt endlich als »Kapitän 3. Grades ein neues Boot unterstellt« (S. 87), von dem aus er die *Gustloff* torpedieren und versenken wird.

Degradierung statt Ruhm

Nicht nur durch seinen Ehrgeiz, sondern auch durch seine Vorliebe für Wodka und seine gelegentlichen Bordellbesuche ist Marinesko charakterisiert. Er glaubte, große Ehrungen erwarten zu können, als er nach der Zerstörung der *Gustloff* und eines weiteren Transportschiffs den Heimathafen ansteuerte. Doch »Marinesko wurde weder als ›Held der Sowjetunion‹ ausgezeichnet, noch erhielt er den Lenin-Orden«[12]. Nach dem Ende des Zweiten Weltkriegs wird er zunächst degradiert, dann »aus der sowjetischen Marine entlassen« (S. 168), schließlich in ein Straflager nach Sibirien eingewiesen. Erst nach Stalins Tod wird er rehabilitiert (S. 169).

Vom Autor erfundene Figuren

Tulla Pokriefke

Die Hauptfigur Tulla

Tulla Pokriefke, die Mutter des Erzählers und eine der Überlebenden der Schiffskatastrophe, darf man zur Hauptfigur der erzählten Geschichte erklären. Sie ist

12 Schön (s. Anm. 1), S. 413.

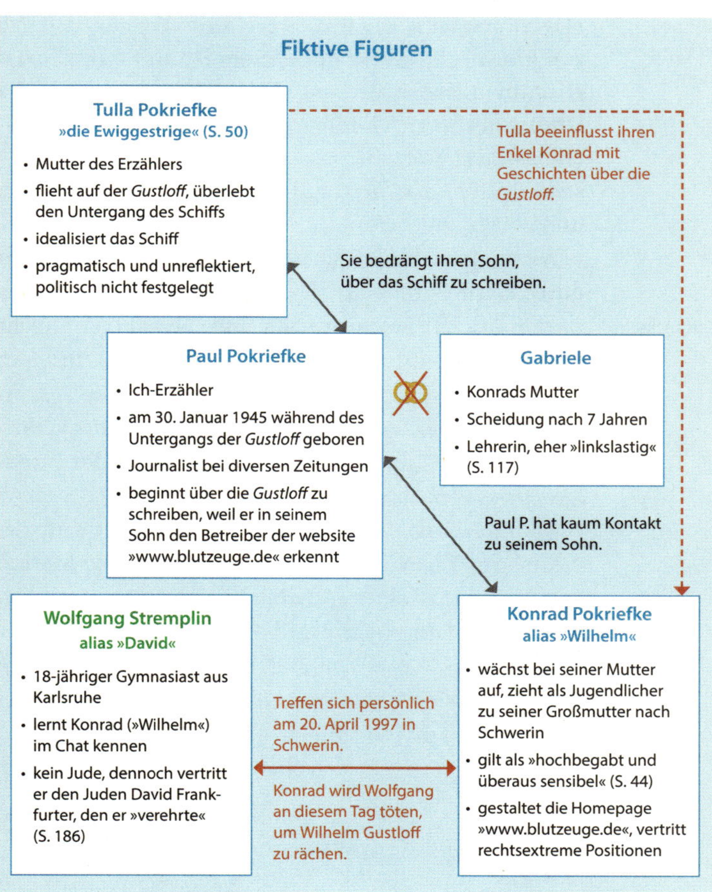

Abb. 2: Figurenkonstellation: erfundene Figuren

eine literarische Figur, die seit der »Danziger Trilogie«, dem Hauptwerk des Autors Günter Grass, existiert. Ihr Lebenslauf lässt sich durch mehrere seiner Werke hindurch verfolgen und spielt nun im *Krebsgang* eine Hauptrolle.

In *Katz und Maus*, dem zweiten Teil der Trilogie, wird Tulla Pokriefke als »ein Spirkel mit Strichbeinen«[13] vorgestellt. Sie ist das einzige Mädchen in einer Gruppe Jugendlicher, die zu Anfang des Zweiten Weltkriegs ihre Langeweile mit gewagten Tauchübungen auf einem Schiffswrack vertreiben. Tulla, so wird gesagt, »hätte genausogut ein Junge sein können«[14]. Sie schwimmt hervorragend und stinkt immerzu nach »Tischlerleim, weil ihr Vater in der Tischlerei ihres Onkels mit Leim zu tun hatte«[15].

Tullas Kindheit

In den *Hundejahren*, dem dritten Band der Trilogie, erfährt man genauer: »Tulla Pokriefke wurde am elften Juni neunzehnhundertsiebenundzwanzig geboren«[16]. Ihre Eltern, Erna und August Pokriefke, stammen aus der »Koschneiderei«, einem Gebiet, zu dem »sieben Dörfer«[17] gehören. Ursula Pokriefke, so ihr offizieller Name, kommt in Langfuhr, einem Vorort von Danzig, zur Welt. Sie hat zwei ältere Brüder, von

13 Günter Grass, *Katz und Maus*, Reinbek bei Hamburg 1963, S. 30.
14 Grass (s. Anm. 13), S. 30.
15 Grass (s. Anm. 13), S. 31.
16 Günter Grass, *Hundejahre*, Reinbek bei Hamburg 1968, S. 102.
17 Grass (s. Anm. 16), S. 108.

denen selten die Rede ist, und einen jüngeren Bruder Konrad, der früh durch ein Badeunglück stirbt.

Über Tullas äußere Erscheinung heißt es: »Überall blaugestoßene Knochen, Muskeln, von keinem Polster Fett behindert, machten Tulla zu einem immer laufenden, springenden, kletternden, insgesamt fliegenden Etwas«[18]. Es ist nicht leicht, mit ihr umzugehen: »[…] mehrmals am Tag wurde sie hart, starr und böse«[19].

Tulla und die Männer

Sehr früh macht Tulla junge Männer auf sich aufmerksam. Als sie mit einem Fähnrich auf einer Parkbank erwischt wird, muss sie die Schule verlassen. Der Schulleiterin erklärt sie: »Schmeißen Sie mich nur raus […]. Mir steht der Laden sowieso bis hier. Am liebsten möcht ich von irgend jemand ein Kind bekommen, damit endlich mal was passiert, hier in Langfuhr und überhaupt«[20]. Bald ist sie schwanger; aber sie weiß nicht von wem. Die »werdende sechzehnjährige Mutter«[21] will ihr Kind nach dem verstorbenen Bruder Konrad nennen. Doch so weit kommt es nicht. Nach einem Sprung von der noch fahrenden Straßenbahn verliert sie das Kind. In der Mitte des Jahres 1944 wird Tulla Pokriefke Straßenbahnschaffnerin in Danzig. Das Kriegsende ist abzusehen: »[…] wer eine Nase hat, rennt, schwimmt, schleppt sich ab:

18 Grass (s. Anm. 16), S. 112.
19 Grass (s. Anm. 16), S. 112.
20 Grass (s. Anm. 16), S. 259.
21 Grass (s. Anm. 16), S. 284.

vom Ostfeind weg dem Westfeind entgegen«[22]. Unter den Flüchtenden ist Tulla Pokriefke. Über ihr weiteres Schicksal gab es nur Vermutungen: »Es hieß: Sie soll mit der *Gustloff* von Danzig weg und draufgegangen sein.«[23] Diese Ansicht wird im *Krebsgang* revidiert. Jetzt soll der Leser voraussetzen, dass Tulla Pokriefke mit ihrer ganzen Geschichte und ihrem Sohn im Nachkriegsdeutschland angekommen ist.

Die Flucht

Obwohl »seitdem […] ein Haufen Zeit bachrunter gegangen« (S. 11) sei, erinnert sich Tulla Pokriefke genau an diese Flucht. Sie hatte sich voll Vertrauen auf die *Gustloff* begeben und überlebte den Untergang, bei dem sie ihre Eltern verlor und ihren Sohn gebar.

Tulla und die *Gustloff*

Die *Gustloff* kannte sie lange vorher. Als Zehnjährige hatte sie die Jungfernfahrt der *Gustloff* in der Wochenschau gesehen. Die Eltern, Erna und August Pokriefke, hatten 1939 eine Norwegenfahrt mit dem KdF-Schiff gemacht und waren begeistert zurückgekommen. Die Begeisterung hatte sich auf Tulla übertragen, sodass sie, als die Familie auf der Flucht in Gotenhafen-Oxhöft ankam, »ums Verrecken« auf die *Gustloff* wollte, »weil für sie so viele heitere Erinnerungen an eine KdF-Reise […] mit dem damals weiß schimmernden Motorschiff verbunden waren« (S. 109). Obwohl Tulla Pokriefke nur knapp dem Tod entkommt und unter dramatischen Umständen während der Rettungsaktion ihren Sohn zur Welt bringt,

22 Grass (s. Anm. 16), S. 316.
23 Günter Grass, *Die Rättin*, Darmstadt/Neuwied 1986, S. 93.

bleibt für sie die *Gustloff* das Symbol einer schönen Vergangenheit.

Als die »Überlebenden, Mutter mit Säugling«, in Kolberg an Land gebracht werden, ist Tulla »›wie auf Kommando von heechste Stelle‹ weiß geworden« (S. 55). Der Weg nach Westen führt sie nach Schwerin, später findet sie eine Wohnung in der Lehmstraße 4, macht eine Tischlerlehre und »roch [wieder] nach Knochenleim« (S. 54).

Tulla in der DDR

Sie arrangiert sich »im Arbeiter-und-Bauern-Staat« (S. 54), wird »SED-Mitglied und ziemlich erfolgreiche Leiterin einer Tischlereibrigade« (S. 67), weint bei »Stalins Tod« (S. 169), behält aber trotzdem ihren eigenständigen Kopf und lässt sich nicht vereinnahmen. Später beim Untergang der DDR passt sie sich wieder den neuen Verhältnissen an und hilft »beim Abwickeln und Privatisieren der VEB Kabelwerke« (S. 90); doch auch jetzt handelt sie nicht aus politischer Überzeugung, sondern eher, weil sie für sich ein »Schnäppchengeschäft« (S. 90) wittert.

Sie genießt ab und zu die Freundschaft von Männern, ist aber »nicht für Heirat« (S. 57). Sie bleibt ihren Grundsätzen auch in diesem Punkt treu: Ihr Sohn, der am 30. Januar 1945 geboren wurde, wird nie erfahren, wer sein Vater ist. Wahrscheinlich weiß Tulla es selbst nicht.

Wenn ihr die Erinnerungen an die Vergangenheit zu schaffen machen, bekommt sie ab und zu »ihren Binnichtzuhauseblick« (S. 169); wer sie kennt, weiß, dass sie dann auf jemanden oder etwas böse ist, wie einst in Langfuhr, wenn man erklärte: »Tulla macht wieder mal ainjetäpperte Feneten« (S. 169).

Ein besonderes Anliegen ist ihr, die Geschichte der *Gustloff* aufgeschrieben zu wissen. Sie ermöglicht ihrem Sohn ein Studium und gesteht: »Ech leb nur noch dafier, daß main Sohn aines Tages mecht Zeugnis ablegen« (S. 19). Dabei hat sie vor allem die Katastrophe des Untergangs vor Augen. Am Jahrestag des Untergangs legt sie Blumen dort nieder, wo einst das Gustloff-Denkmal stand, aber, wie sie betont, »nich fier den Justloff [...]. Nai, fier das Schiff ond all die Kinderchen, die draufjegangen sind damals inne eiskalte See« (S. 91).

Tulla und der Untergang der *Gustloff*

Erfreut stellt sie fest, dass sich ihr Enkel Konrad für die Geschichte der *Gustloff* interessiert. So hat sich in den Augen der Großmutter gelohnt, dass sie ihrem Enkel einen Computer geschenkt hat; denn der sucht nun im Internet nach Informationen über das Unglücksschiff. Dass dieser den Computer anderweitig einsetzt, bleibt ihr lange verborgen.

Zu ihrem Sohn, dem Erzähler, hat Tulla Pokriefke ein gespanntes Verhältnis. Sie ist enttäuscht, dass er sich so lange weigert, die Geschichte der *Gustloff* zu schreiben. Der Sohn distanziert sich von der Mutter und ihren Anschauungen. Er hasst sie von dem Augenblick an, in dem er bemerkt, dass seine Mutter seinen Sohn manipuliert und so an dessen Verirrungen Schuld trägt.

Paul Pokriefke

Paul Pokriefke, der Ich-Erzähler, ist am 30. Januar 1945 während der Rettungsaktionen der *Gustloff* als Sohn von Ursula Pokriefke, genannt Tulla, geboren. Ungesichert ist, ob er auf dem sinkenden Schiff oder auf dem rettenden Beiboot *Löwe* zur Welt kam. Er ist einer der wenigen Säuglinge, die bei der Katastrophe gerettet wurden.

■ Kindheit

Paul wächst in Schwerin auf, verlässt »kurz vorm Mauerbau« (S. 18), also 1961, mit sechzehneinhalb Jahren die DDR und kommt bei Tullas ehemaliger Schulfreundin Jenny (S. 18) in Westberlin unter. Tante Jenny verwöhnt ihn; seine Mutter kann ihm nur heimlich schreiben, da sie offiziell den Kontakt mit dem »Republikflüchtling« (S. 19) aufgeben muss; von seinem mutmaßlichen Vater Harry Liebenau wird er finanziell unterstützt.

■ Studium und Beruf

Nach dem Abitur beginnt Paul ein Studium der Germanistik und Publizistik, gibt »Anfang siebenundsechzig« (S. 20) das Studium auf, arbeitet als Pressevolontär, dann als Journalist bei unterschiedlichen Zeitungen – mal »freiberuflich«, mal als »Söldner von Nachrichtenagenturen« (S. 7). Er betrachtet seinen Beruf als Möglichkeit des Broterwerbs; auf eine politische Richtung lässt er sich nicht festlegen, doch hält er es für seine Pflicht, allen Ansätzen von Rechtsextremismus entgegenzutreten.

■ Familie …

Eine Zeitlang ist er mit Gabriele verheiratet, mit der er den gemeinsamen Sohn Konrad hat. Doch als die

... und Scheidung

zehn Jahre jüngere Frau Gabi zielstrebig zur Gymnasiallehrerin aufsteigt, er aber auf der Stelle tritt, zieht sich Gabi weiter nach Westdeutschland zurück und er bleibt in Berlin in der »Kreuzberger Altbauwohnung mit Ofenheizung« (S. 43). Die Scheidung folgt bald.

Vatersorgen

Seinen Sohn sieht er nur »besuchsweise, also selten und unregelmäßig« (S. 44). Als Konrad 1989 nach der Maueröffnung »seine Oma Tulla« in Schwerin besucht, findet der Vater das ganz normal, bis er erfährt, dass Tulla Pokriefke ihren Enkel »mit der Story vom ewigsinkenden Schiff« vertraut macht und »große Hoffnung auf ›Konradchen‹, wie Mutter sagte«, setzt (S. 44). Die Nachforschungen, die Konrad mit Hilfe des von Tulla geschenkten Computers anstellt, lassen ihn ins rechtsextreme Lager abdriften. Paul Pokriefke erschrickt, als er erkennen muss, dass rechtsextrem gefärbte Botschaften, die er auf seiner Homepage vorfindet – »[m]ehr zum Lachen als zum Kotzen« (S. 8) –, von seinem Sohn stammen.

Nun beginnt der Journalist die Geschichte der *Gustloff* von Anfang bis Ende zu recherchieren. Ihm liegt vordringlich daran, den Stoff den Rechtsextremen aus der Hand zu nehmen. Zwar fühlt er sich nach wie vor von seiner Mutter und von einem »alten Mann, der sich müdegeschrieben hat« (S. 99) und hinter dem mühelos der Autor Günter Grass zu erkennen ist, gedrängt. Doch das eigentliche Motiv ist, gefährliche Fehldeutungen zurückzuweisen. Er sucht die Auseinandersetzung mit seinem Sohn, muss sich jedoch eingestehen, dass er ihn nicht retten kann. Re-

Resignation

signierend zieht er als Ich-Erzähler im letzten Satz der Novelle das Resümee: »Das hört nicht auf. Nie hört das auf« (S. 216).

Konrad Pokriefke

Konrad Pokriefke ist der Sohn von Paul und Gabriele Pokriefke und der Enkel von Ursula = Tulla Pokriefke. Er wird 1980 in Berlin geboren, erhält in Anlehnung an den früh verstorbenen Bruder der Großmutter den Namen Konrad, geht nach der Trennung der Eltern mit seiner Mutter, die vom Erzähler als etwas »linkslastig« (S. 117) charakterisiert wird, nach Mölln und nimmt dort Kontakt zur rechten Szene auf. Nach der Wiedervereinigung Deutschlands zieht er zu seiner Großmutter nach Schwerin, sucht auch hier Kontakte zu rechtsextremen Gruppen und setzt sich dafür ein, das zu DDR-Zeiten beseitigte Denkmal für Wilhelm Gustloff wiederherzustellen.

■ Kontakt zu Rechtsradikalen

Konrad gilt »als hochbegabt und überaus sensibel« (S. 44); seine Leistungen in der Schule sind gut; dem Vater erscheint er ab und zu »altklug« (S. 44). Auf die Frage des Vaters, »was ihm [...] schwerpunktmäßig wichtig sei« (S. 75), antwortet er: »Ich betreibe historische Studien« (S. 76). Die Informationen holt er aus dem Internet. Er ist durchaus in der Lage, daraus Vorträge zu machen. Später im Prozess redet er lang und breit, mit und ohne Notizzettel, zu seiner Verteidigung. Zu bedenken ist, dass er zu diesem Zeitpunkt noch Schüler und gerade siebzehn Jahre alt ist.

■ Anlagen und Fähigkeiten

Nutzung des Internets

Die historischen Studien, die Konrad Pokriefke zu betreiben vorgibt, sind besonderer Art. Er ruft nicht nur Informationen aus dem Internet ab, sondern er gestaltet auch eine eigene Homepage unter der Deckadresse »www.blutzeuge.de« (S. 18). Dort verkündet er eines Tages: »[Es] ist meine liebe Großmutter, der ich im Namen der Kameradschaft Schwerin [...] geschworen habe, die Wahrheit, nichts als die Wahrheit zu bezeugen: Es ist das Weltjudentum, das uns Deutsche für alle Zeit und Ewigkeit an den Pranger ketten will ...« (S. 73 f.). Statt der angekündigten Wahrheit erscheinen auf seiner Homepage rechtsextreme Parolen und ideologisch durchsetzte Geschichtsdeutungen. Bevorzugte Themenfelder sind die Machtergreifung Hitlers am 30. Januar 1933, der Untergang der *Gustloff* und die Tötung Wilhelm Gustloffs durch David Frankfurter am 4. Februar 1936.

Der Neonazi und sein Chat-Partner

Konrad Pokriefke gehört nicht zu den gewalttätigen Skins und ist auch kein Glatzkopf. Aber schon durch seinen Schwur gibt er sich als Neonazi zu erkennen. Neonazistische und rechtsextreme Positionen vertritt er auch unter dem Absendernamen »Wilhelm« seinem Chat-Partner »David« gegenüber. Was als »Internet-Dialog« (S. 49), als »Disput« (S. 47) und »Rollenspiel« (S. 49) beginnt, führt zum »bitterernst« und »verbissen« ausgetragenen »Streit« (S. 48), in dessen Konsequenz Wilhelm, der die deutsche Sache zu vertreten vorgibt, Wolfgang Stremplin, der als David die Rolle des Juden angenommen hat, erschießt. Begründung: »Ich habe geschossen, weil ich Deutscher bin – und weil aus David der ewige Jude sprach« (S. 189).

Konrad wird zu sieben Jahren Jugendhaft verurteilt. Er akzeptiert das Urteil. Eine Gesinnungsänderung ist nicht festzustellen. Im Gegenteil: Dem Richter gegenüber erklärt er: »Dem Blutzeugen verdanke ich meine innere Haltung. Ihn zu rächen war mir heilige Pflicht!« (S. 195). In der Haftanstalt baut er zuerst ein Modell der *Gustloff* nach, zerstört es später und scheint sich, wie der Vater erleichtert glaubt feststellen zu können, mehr dem Tischtennisspiel und dem bevorstehenden Abitur als ideologisch geprägten Gedankenspielen zu widmen.

Außerhalb der Gefängnismauern hat Konrad jedoch schon Nachfolger gefunden. Unter »www.kameradschaft-konrad-pokriefke.de« teilen sie mit: »Wir glauben an Dich, wir warten auf Dich, wir folgen Dir …« (S. 216). Daher die Furcht des Erzählers: »Das hört nicht auf« (S. 216).

Die neue »Kameradschaft«

Gabriele

Gabriele, »von jedermann Gabi genannt« (S. 42), ist die Mutter Konrads. Paul Pokriefke hat »die zukünftige Pädagogin« geheiratet, als sie, wie er sagt, »eindeutig von mir schwanger war« (S. 42). Gabi hatte »was Mitreißendes« (S. 42), absolvierte ihr Studium zügig und war bald »Gymnasiallehrerin und beamtet« (S. 43). Dann aber – »[k]eine sieben Jahre dauerte der anstrengende Spaß« (S. 43) – trennen sich beide und

Beruf und Familie

Gabi zieht mit Konrad nach Mölln. Die Scheidung folgt.

Die Pädagogin

Als Pädagogin tritt sie »für freie Willensbildung und offene Diskussion« ein, verbindet einen liberalen und toleranten Erziehungsstil mit einer »Dauerbelehrung«, die der Erzähler als »linkslastig« empfindet (S. 117), und lässt Konrad seinen Weg gehen, als er von ihr weg zu seiner Großmutter ziehen will.

Während des Prozesses argumentiert sie weniger als Mutter und mehr als Lehrerin. Später besucht sie ihren Sohn eher selten, da sie »meistens durch ihren ›Gewerkschaftskram‹ verhindert« ist und sich »ehrenamtlich in der Sparte ›Erziehung und Wissenschaft‹ aufreibt« (S. 203). Theoretisch scheint sie den Aufgaben einer Erzieherin voll gewachsen zu sein. Trotzdem sagt sich ihr Sohn Konrad während der Haftzeit von ihr als Mutter los.

Wolfgang Stremplin

Der Chat-Partner »David«

Wolfgang Stremplin, einen achtzehnjährigen Gymnasiasten aus Karlsruhe (S. 172), lernt der Leser zunächst unter dem Namen »David« als Chat-Partner Konrads bzw. »Wilhelms« kennen. Wenn »Wilhelm« in seinen Botschaften verbreitet, was Deutschland damals alles »dem Führer zu verdanken« hatte, hält »David« dagegen, dass schon 1933 »jüdische Ärzte und Patienten aus Krankenhäusern und Kurorten vertrieben worden seien« (S. 48). Wolfgang ist als »David« der Antipode zu Konrad, alias »Wilhelm«. In ihnen wiederholt sich die Gegnerschaft von David Frankfurter und Wilhelm Gustloff.

Streit und Tod

Als die im virtuellen Raum Streitenden vereinbaren, sich persönlich treffen zu wollen, und dazu Schwerin als Ort und den »20. April 1997« (S. 171) – Hitlers Geburtstag – aussuchen, ahnt man noch nicht, dass der Streit dahingehend ausartet, dass Konrad David erschießt, nachdem dieser »dreimal auf das vermooste Fundament gespuckt« (S. 174) hatte, auf dem einst der Gedenkstein für Wilhelm Gustloff stand.

Anlässlich des Prozesses wird bekannt, dass Wolfgang Stremplin nichtjüdischer Herkunft war, sich »den Vornamen David auferlegt« habe, weil ihm »alles Jüdische [...] heilig gewesen sei« (S. 185). Vater Stremplin, »in einem nuklearen Forschungszentrum« (S. 185) tätig, stammt »aus einem württembergischen Pfarrhaus«, Mutter Stremplin aus einer »im Badischen ansässigen Bauernfamilie« (S. 181). Für ihren Sohn sei der Computer sein »Einundalles« (S. 185) gewesen. Er habe »diesen David Frankfurter verehrt« (S. 186) – als einen David, der einem Goliath entgegengetreten sei. Für sie, die Eltern, ist Wolfgang »immer ein Sonderling gewesen« (S. 185).

Rosi

Eine neue Freundin

Rosi ist Zahnarzthelferin und Konrads Freundin. Sie wohnt in Ratzeburg und verspricht Konrad, ihn »gerne und so oft wie möglich [zu] besuchen« (S. 117), wenn er zu seiner Großmutter nach Schwerin zieht.

Später besucht sie ihn »ziemlich regelmäßig« in der Haftanstalt – »bald nicht mehr verweint« (S. 203).

Während Konrads Mutter davon überzeugt ist, dass in ihrem Sohn »bis in die letzten Gedanken hinein, alles gründlich verdorben ist« (S. 213), versichert Rosi: »Ich werde immer an das Gute in Konny glauben [...]. Nicht er, die Welt ist böse« (S. 214).

4. Form und literarische Technik

Der Ich-Erzähler

Ein vorläufig noch unbekannter Ich-Erzähler gesteht direkt zu Anfang seiner Erzählung: »Noch haben die Wörter Schwierigkeiten mit mir« (S. 7). Er zögert und sträubt sich zu beginnen. Anders als in anderen Ich-Erzählungen begründet der Erzähler also nicht, weshalb er schreibt, sondern er versucht zu erklären, weshalb er bisher nicht geschrieben hat und jetzt nicht schreiben möchte. Die Stichwörter »Mutter«, »Schrei überm Wasser«, »Wahrheit« und »jetzt erst« (S. 7) sind als Begründungen zunächst nicht verständlich; sie belegen nur, dass der Erzähler zumindest ebenso viele Schwierigkeiten mit den Wörtern hat wie diese mit ihm.

Schreibhemmungen

Doch scheinen die Formulierungsprobleme nicht einmal die größten Hemmnisse zu sein. »Wenn ich jetzt beginnen muß, mich selber abzuwickeln«, erläutert der Erzähler, »wird alles, was mir schiefgegangen ist, dem Untergang eines Schiffes eingeschrieben sein« (S. 7). Der hier spricht, sieht sich einem Zwang zum Schreiben ausgesetzt; aber er weiß, dass er damit das Risiko auf sich nimmt, sich selbst zu belasten. »Abwickeln« ist ein Wort aus dem Sprachgebrauch der Wirtschaft und Politik, das im Zuge der Wiedervereinigung Deutschlands eine Rolle spielte und den Prozess beschrieb, in dem volkseigene Betriebe der DDR aufgelöst wurden. Wer sich selbst abwickelt, gibt zu, dass ihm etwas »schiefgegangen« (S. 7) ist, dass er versagt hat.

Dieser Ich-Erzähler gibt sich im weiteren Verlauf als Teil der dargestellten Welt zu erkennen. Er teilt mit, wer er ist, was er denkt und was er erlebt und erfahren hat. Er berichtet von seinem Standpunkt aus, und er legt die Perspektive an, die er aufgrund seiner Welterfahrung gewonnen hat.

- Standpunkt und Perspektive des Erzählers

Erzählgegenstand ist hier der »Untergang eines Schiffes« (S. 7). Deutlich ist aber schon zu Beginn der Erzählung, dass dieser Erzählgegenstand in besonderer Weise mit dem Leben und Schicksal des Erzählers verknüpft ist.

- Erzählgegenstand

Eine Novelle

Erzählt wird, wie in der Titulatur angekündigt ist, eine Novelle. Äußerlich ist die Novelle in neun Kapitel eingeteilt. Sie hat mit 216 Seiten einen ungewöhnlich großen Umfang, der eher einem Roman als einer Novelle zusteht. Doch ist der Umfang eines Werks ein eher nebensächliches Kriterium für die Zuordnung eines literarischen Textes zu einer Textsorte oder poetischen Gattung. Insofern ist die Textklassifikation »Eine Novelle« ernstzunehmen und fordert zu einer genaueren Untersuchung heraus.

- Umfang des Werks

Die Novelle als eine Art epischer Gestaltung hat einen festen Platz in der europäischen Literaturgeschichte. Höhepunkte sind die unter dem Stichwort *Il Decamerone* vereinigten Novellen des Italieners Gio-

- Novelle als Art epischer Gestaltung

vanni Boccaccio (1313–1375) und die *Novelas ejemplares* von Miguel de Cervantes Saavedra (1547–1616). Als Meister deutscher Novellenkunst gelten Johann Wolfgang Goethe, Gottfried Keller, Conrad Ferdinand Meyer und Theodor Storm.

Von Poeten und Literaten ist immer wieder die Frage aufgeworfen worden, was eine Novelle zu einer Novelle macht, wie diese epische Art von anderen Arten abzugrenzen sei. Dabei ist leicht Einigkeit darüber zu erzielen, dass eine Novelle, wie die auf das lateinische Wort *novus* ›neu‹ zurückgehende Bezeichnung nahelegt, etwas Neues, etwas Neuartiges, Besonderes bieten muss. Ob dieses Neue nun spannend und unterhaltend oder schockierend und grausam sein soll, ist eine offene Frage. Offen ist auch, wie lang oder kurz und wie strukturiert der Text sein soll.

■ Novelle: »Etwas Neues«

Aus der umfangreichen Diskussion über die Theorie der Novelle wird immer wieder eine Aussage Goethes zitiert, die er in einem Gespräch mit seinem zeitweiligen Mitarbeiter Eckermann getan haben soll: »…, denn was ist eine Novelle anders als eine sich ereignete unerhörte Begebenheit«[24]. Als Auftakt zu einer Diskussion hat sich diese Erklärung durchaus bewährt.

■ Goethes Erklärung

Die »Begebenheiten«, die im *Krebsgang* gestaltet sind, können als »unerhört« eingestuft werden. Dass sich der Untergang der *Gustloff* »ereignet« hat, ist un-

24 Johann Wolfgang Goethe, *Gedenkausgabe der Werke, Briefe und Gespräche*, Bd. 24, hrsg. von Ernst Beutler, Zürich 1949, S. 225.

bestritten. Schließlich wird man prüfen dürfen, welchen Wirklichkeitscharakter der tödlich endende Diskurs zwischen »David« und »Wilhelm« hat.

Zwei Handlungsstränge

Zwei Handlungsstränge

Der historische Hintergrund: »Machtergreifung« Hitlers am 30. Januar 1933; Untergang der *Gustloff* am 30. Januar 1945; Kapitulation des Deutschen Heeres am 8. Mai 1945

Lebensgeschichte des Erzählers Paul Pokriefke und seiner Familie	Geschichte der *Gustloff*
• wird in der Nacht der Torpedierung auf dem Rettungsschiff der *Gustloff* geboren • bekommt von Mutter Tulla die Aufgabe auferlegt, über dieses Ereignis zu berichten • Sohn Konrad ist der Betreiber der Internetseite www.blutzeuge.de • Geschichte wiederholt sich: Konrad (alias »Wilhelm«) erschießt Wolfgang (alias »David«) aus ideologischer Überzeugung und um den von ihm verehrten Blutzeugen »zu rächen« (S. 195)	• Wilhelm Gustloff: NSDAP-Mitglied, von David Frankfurter erschossen, wird zum »Blutzeugen« und Namensgeber des Schiffs • Glanzzeit als KdF-Schiff, dann Truppen-, Transport-, Lazarett- und Flüchtlingsschiff • Untergang nach Beschuss durch Alexander Marinesko • Schiff als Metapher für den Auf- und Abstieg des nationalsozialistischen Regimes; Planung, Bau, Einsatz, Untergang

Abb. 3: Zwei Handlungsstränge der Novelle

Inhaltlich hat es der Leser bei dem umfangreichen Text *Im Krebsgang* mit zwei großen Handlungssträngen zu tun, die auf unterschiedliche Weise verknüpft sind.

Zwei Handlungsstränge

Im Mittelpunkt des ersten Handlungsstrangs stehen der Erzähler Paul Pokriefke und die näheren Umstände des Erzählvorgangs. Pokriefke trifft »Ende Januar sechsundneunzig« im Internet eher zufällig auf »die rechtsradikale Stormfront-Homepage«, dann »auf einige *Gustloff*-Bezüglichkeiten« und schließlich auf die »Website www.blutzeuge.de« (S. 32). Ihn interessiert, wer da über das Schiff und dessen Namenspatron Informationen liefert. Er beteiligt sich selbst an dem Internet-Gespräch, bemerkt, dass hier ideologiegetränkte Deutungen weitergegeben werden, und beginnt selbst, Unterlagen für eine sachliche und wahrheitsgemäße Darstellung des Gesamtkomplexes »Wilhelm Gustloff« zu sammeln. Man erfährt, dass er insofern schicksalhaft mit dem Schiff verbunden ist, als er in der Nacht des 30. Januar 1945 auf dem Rettungsschiff geboren wurde, auf das man seine Mutter gebracht hatte, während die *Gustloff* sank. Das gibt Anlass, in Rückwendungen die eigene Lebensgeschichte und die seiner Mutter mitzuteilen. Im Laufe seiner Recherchen über das Schiff bemerkt er dann, dass hinter der Homepage »www.blutzeuge.de« sein eigener Sohn Konrad steckt. Er verfolgt, wie hier eine Auseinandersetzung mit einem ideologisch anders ausgerichteten »David« stattfindet, die am 20. April 1997 zu jenem Konflikt führt, in dem Konrad zum

Erster Strang: Der Erzähler und seine Konfrontationen

Abb. 4: Die *Wilhelm Gustloff* im Danziger Hafen, 1939

Mörder wird. Während der Haft versucht der Vater ein neues Verhältnis zu seinem Sohn aufzubauen. Ob das auf Dauer gelingt, bleibt offen. Die Mordtat des Sohnes ist eine weitere schicksalhafte Belastung der Familie und ein »privates Unglück« (S. 88) für den Vater.

Zweiter Strang: Die Geschichte der *Gustloff*

Der zweite große Handlungsstrang hat seinen Höhepunkt in der Darstellung der Katastrophe vom 30. Januar 1945, dem »Tag des fortlebenden Unglücks« (S. 11). Die ganze »Geschichte« der *Gustloff*, so meint der Erzähler, »fing [...] vor mehr als hundert Jahren an« (S. 7). Zu der Geschichte gehören nicht nur der Bericht über die Planung und den Bau des Schiffes, der

Nachweis über die Verwendungszwecke vom Reiseschiff zum Lazarett-, dann Kasernen- und schließlich Fluchtschiff, sondern auch seine Vor- und Nachgeschichte.

Die Geschichte der *Gustloff* hat für den Erzähler zeichenhafte Bedeutung. Sie verweist gleichzeitig auf die Vor- und Nachgeschichte der Nazi-Diktatur. Als Eckpunkte des Regimes sind die »Machtergreifung« Hitlers am 30. Januar 1933 und die bedingungslose Kapitulation des deutschen Heeres am 8. Mai 1945 anzusehen. Die nationalsozialistische Bewegung begann jedoch schon vor 1933, wie das Wirken Gustloffs in der Schweiz belegt. Im Jahr 1945 war das schreckliche Kapitel der deutschen Geschichte auch keineswegs schon abgeschlossen. Flucht, Vertreibung und die Teilung Deutschlands wirkten als Folgen des verbrecherischen Regimes nach.

Im Bau und im Untergang der *Gustloff* spiegeln sich Aufstieg und Untergang des Regimes. Im Hintergrund sind die Taten und Untaten vom Ermächtigungsgesetz über die Bücherverbrennung bis zu den unsinnigen Befehlen des »Führers« am Ende des Krieges deutlich gemacht. Im Blickpunkt – als unübersehbare Metapher – bleibt immer das Schiff. Planung, Bau, Einsatz und Zerstörung des Schiffs können als Allegorie aufgefasst werden, in der bildhaft Aufstieg und Untergang des sogenannten Dritten Reiches abgehandelt werden.

■ Schiff als Metapher

Da jedoch immer Menschen die Handelnden und Leidenden, also Täter und Opfer sind, geht der Erzähler den Lebenswegen einzelner Personen nach, so denen von Gustloff, Frankfurter und Marinesko.

Familie Pokriefke

Von den vielen, die am 30. Januar 1945 auf der *Gustloff* Rettung suchten, werden zwei Figuren herausgenommen: Tulla Pokriefke und ihr Sohn Paul, der mehr als fünfzig Jahre später dazu ansetzt, die ganze Geschichte zu erzählen. Tulla Pokriefke besteht auf ihre Art die Herausforderungen des Lebens. In allen Wirren hält sie den Kopf oben. Politisch blind, weiß sie aus allen Situationen das Beste für sich herauszuholen.

Der Erzähler Paul Pokriefke ist durch den Gedanken belastet, dass er »überhaupt nur zufällig lebe« (S. 7). Noch mehr muss ihn später belasten, dass ausgerechnet sein eigener Sohn, verblendet durch eine überwunden geglaubte Ideologie, zum Mörder wird.

Dieser Mord »am Nachmittag des 20. April 1997« (S. 171) ist der Kontrapunkt zu jenem »Dienstag, dem 4. Februar« (S. 25) 1936, an dem David Frankfurter Wilhelm Gustloff erschoss. Beide Morde gehören zur ganzen Geschichte und machen zusammen mit dem Untergang der *Gustloff* die »Story« (S. 8, S. 32) aus.

Die ganze Story

Die bange Frage des Erzählers: »Hört das nicht auf? Fängt diese Geschichte immer aufs neue an?« (S. 208) ist nur der Form nach Frage; inhaltlich liest man den Satz als verzweifelten Ausruf oder als Appell.

5. Quellen und Kontexte

Günter Grass hat als Kind und Jugendlicher erlebt, wie seine Eltern und weite Teile der Bürgerschaft seiner Heimatstadt Danzig der nationalsozialistischen Ideologie erlagen, wie sie »heim ins Reich« wollten, wie sie den Auftakt des Zweiten Weltkriegs bejubelten, wie dann am Kriegsende Soldaten der Roten Armee anrückten und wie die deutschen Bewohner flohen oder vertrieben wurden.

Erlebnis- und Erfahrungshorizont des Autors

Als Junge war Grass beim Jungvolk, der nationalsozialistischen Jugendorganisation, als Sechzehnjähriger wurde er zur Wehrmacht gezogen, mit 17 Jahren in die Waffen-SS einberufen. Am Ende des Kriegs wurde er verwundet und kam in amerikanische Gefangenschaft. Als Achtzehnjähriger wurde er entlassen und stand, fern von der besetzten Heimatstadt, orientierungslos im rheinischen Düsseldorf.

Das ist, knapp gefasst, der Erlebnis- und Erfahrungshorizont, der den jungen Grass prägte und der das gesamte Werk des Literaten, aber auch des Bürgers und politischen Mahners, bestimmte.

Jetzt, in der Novelle *Im Krebsgang*, tritt er als »der Alte« auf, als der Wissende im Hintergrund, der »müdegeschrieben« (S. 99) ist.

In der unmittelbaren Nachkriegszeit arbeitet Grass seine und Deutschlands Vergangenheit auf und stellt sich der harten Wirklichkeit einer verbrecherischen Zeit. Bald veröffentlicht er kleinere literarische Texte

1958: Lesung vor der »Gruppe 47«

und wird 1958 von Hans Werner Richter, dem Moderator der Gruppe 47, zur Lesung eingeladen. Diese Gruppe 47 war ein lockerer Verbund vorwiegend junger Schriftsteller, die sich seit 1947, also in der unmittelbaren Nachkriegszeit, meist einmal im Jahr an wechselnden Orten trafen, aus ihren Texten oder Typoskripten vorlasen, darüber diskutierten und zunehmend Einfluss auf die Entwicklung der Literatur in der Bundesrepublik gewannen.

Hans Werner Richter erinnerte sich später an die Lesung von Grass:

> »Ich wundere mich, daß er an einem Roman schreibt, er ist für mich ein Lyriker, allenfalls ein Dramatiker. Aber schon nach den ersten Sätzen ist der Saal wie elektrisiert. Es ist das erste Kapitel aus der späteren *Blechtrommel.* […] Und ich weiß, dies ist der Anfang eines großen Erfolges in der ›Gruppe 47‹.«[25]

Am Ende der Tagung wird ihm der »Preis der Gruppe 47« zugesprochen.

■ »der Anfang eines Welterfolgs«

In einer Gesamtdarstellung *Die Literatur der Bundesrepublik* heißt es dann: »Es wurde, wie man weiß, der Anfang eines Welterfolgs… Die Gründe für diesen Erfolg mögen vielfältiger Natur sein. Die beiden wichtigsten unter ihnen: die Perspektive eines körperlichen Krüppels, aus welcher der Roman erzählt

25 Ralf Schnell, *Die Literatur der Bundesrepublik. Autoren, Geschichte, Literaturbetrieb*, Stuttgart 1986, S. 159.

wird, und die geradezu barocke Sprachkraft, die sich in ihm zu Wort meldet.«[26]

Der 1959 erschienene Roman *Die Blechtrommel* wurde zugleich der Schlüsseltext für das Gesamtwerk des Autors Günter Grass. Zusammen mit der Novelle *Katz und Maus* und dem Roman *Hundejahre* bildet er die »Danziger Trilogie«. Die dort verhandelten großen Themen wie Nationalismus, Nationalsozialismus, ideologische Verblendung und Verbrechen, Krieg und Leid werden in späteren Werken immer wieder aufgenommen. Literarische Figuren aus jenen Werken werden reaktiviert und Erzählstränge weitergeführt. Das gilt in besonderem Maße für die Novelle *Im Krebsgang.*

Die Blechtrommel als Schlüsseltext

Tulla Pokriefke, Mutter von Paul Pokriefke, dem Erzähler des *Krebsgangs*, und Großmutter von Konrad, dem verirrten Rechtsextremen, hat ihre Kindheit im Danzig der *Blechtrommel* verbracht. Dort – und in anderen Erzählungen – wird auch das Paradeschiff der Nazis, die *Gustloff*, erwähnt. Die Novelle *Im Krebsgang* kann also mit Fug und Recht als Ergänzung der *Blechtrommel* – als vierter Teil? Oder als Abgesang? – gelesen, verstanden und interpretiert werden. Sie gehört zweifelsfrei in den Kontext von *Blechtrommel* und der »Danziger Trilogie«.

Im Krebsgang im Kontext der *Blechtrommel*

Der große Erfolg, den Hans Werner Richter vorausgesehen haben will und der sich trotz erheblicher Kontroversen auch einstellte, gipfelte in der Verlei-

26 Schnell (s. Anm. 25), S. 159.

hung des Literaturnobelpreises 1999 an den Autor der *Blechtrommel.* Zwar lag der Tag der Erstausgabe des Romans vierzig Jahre zurück, die Aktualität war jedoch ungebrochen. Möglicherweise lag da ein Motiv für den Autor, die damals gesponnenen Fäden aufzunehmen und bis in die Gegenwart weiterzuentwickeln. Ein weiteres Motiv mag der in Deutschland um die Jahrtausendwende zunehmend zu beobachtende Fremdenhass, verbunden mit Ausschreitungen rechtsradikaler Gruppierungen, gewesen sein.

Die bleibende Aktualität der Themen

Seit der Wiedervereinigung Deutschlands im Jahr 1989 brannte erneut die Diskussion auf, wer für all das Leid, das im 20. Jahrhundert über die Welt gekommen war, Verantwortung trage, wer also »Täter« und wer »Opfer« war. Grass, der immer vor dem Vergessen von Krieg und Nazi-Herrschaft gewarnt hatte, dürfte sich herausgefordert gefühlt haben.

»Täter« und »Opfer«

In dieser Situation bot sich der Untergang der *Gustloff* als Diskursgegenstand an. Diese Schiffskatastrophe war vor allem im Bewusstsein der Ostvertriebenen und Flüchtlinge fest verankert. Außerdem erlebte das umfangreiche Buch von Heinz Schön – *Die Gustloff-Katastrophe. Bericht eines Überlebenden über die größte Schiffskatastrophe im Zweiten Weltkrieg* – 1999 die fünfte Auflage.

Der Bericht über die »*Gustloff*-Katastrophe«

Es galt also, einerseits der Mythen- und Legendenbildung, in der Verbrechen zu Heldentaten umgedeutet wurden, entgegenzutreten und andererseits die zu Wort kommen zu lassen, die während des Kriegs und im Chaos der deutschen Niederlage Hab und Gut, die

Heimat und nächste Verwandte verloren hatten, die sich als Kriegsopfer verstanden und die argumentierten, dass sie allein für etwas bestraft worden seien, für das sie keinerlei Verantwortung getragen hätten. Der Nobelpreisträger stellte sich der Aufgabe, indem er literarisch verarbeitete, was er an dokumentiertem Material vorfand und was den Diskurs vorantreiben konnte. Die wichtigste Quelle war zweifellos das erwähnte Werk von Heinz Schön: *Die Gustloff-Katastrophe*.

Der Bericht, den der überlebende Zahlmeisterassistent der *Gustloff*, Heinz Schön, 1951 vorlegte, den er dann von Auflage zu Auflage ergänzte und erweiterte, der 1999 die fünfte und 2002 die sechste Auflage erfuhr, ist ein Sachbuch oder, wie es im Vorwort heißt, ein »Tatsachenbericht« und »Denkmal«. Das Lebenswerk des Autors umfasst in seiner Ausgabe von 2002 insgesamt 515 Seiten, enthält zahlreiche Fotos, See- und Landkarten, Graphiken und Personenlisten, in der Hauptsache aber Berichte über die Geschichte des Schiffes von der Planung als »Arbeiterschiff«, den Einsatz als »Soldatenschiff« und »Flüchtlingsschiff« bis zu seinem Ende als »Todesschiff«. Die Schilderung der Katastrophe vom 30. Januar 1945 umfasst 80 Seiten und erfolgt im fünften Kapitel unter der Überschrift »Tote und Überlebende«. Auf einfache Zahlen gebracht, lautet das Ergebnis der *Gustloff*-Katastrophe: »9343 Menschen, darunter 3000 Kinder, fanden den Tod. Nur 1252 überlebten die Todesnacht.«

Heinz Schön: »Tatsachenbericht« und »Denkmal«

Das Werk, das auf einer umfangreichen Materialsammlung beruht, rechtfertigt seinen Ruf als »bedrückendes Dokument zur Zeitgeschichte«.

Weitere Materialien

An weiteren Augenzeugenberichten fehlte es nicht. In umfangreichen Recherchen wurden Berichte und Gerichtsprotokolle, Sachbücher und Romane zusammengetragen. Ausgewertet wurde die Verfilmung der *Gustloff*-Katastrophe durch Frank Wisbar: *Nacht fiel über Gotenhafen.* Auch das Internet wurde ins Visier genommen. Über diese Vorarbeiten gibt es knappe Auskünfte des Autors und Hinweise im Text selbst.

Erzählform: Novelle

In der Erzählform knüpft Grass an die seinerzeit umstrittene Novelle *Katz und Maus* an. Dieser Text bietet sich insofern zum Vergleich an, als dort wie jetzt im *Krebsgang* Haltungen und Handlungen von Jugendlichen thematisiert werden.

Dass im Titel der neuen Novelle wieder ein Tier – jetzt ein Krebs – als Leitmotiv angeboten wird, ist aussagekräftig. *Katz und Maus* hatte der zweite Teil der »Danziger Trilogie« geheißen, *Hundejahre* der dritte. Weitere Titel lauteten *Die Rättin, Der Butt, Aus dem Tagebuch einer Schnecke, Unkenrufe.* Jetzt also Bezug auf ein Tier, von dem als charakteristisch gilt, dass es sich rückwärts bewegt und seitwärts ausschert. So aber soll sich der Leser auch auf die Strategie des Erzählers einstellen, der sich nicht in der Lage sieht, eine komplexe Geschichte linear von einem gesicherten Ausgangspunkt zu einem endgültigen Schluss zu erzählen.

Die Herausforderung besteht darin, eine »sich ereignete unerhörte Begebenheit« von unterschiedlichen Standpunkten in den Blick zu nehmen und unterschiedliche Sehweisen einzuschätzen und zu beurteilen.

Das Manuskript

Gut vorbereitet verfasst Grass am 17. Februar 2001 in seinem Haus in Portugal handschriftlich das erste Kapitel seiner Novelle *Im Krebsgang* mit dem zuerst nach Aufklärung und später nach Antwort drängenden Satz: »Warum erst jetzt, sagte er und schrieb in seine Kladde: Warum erst jetzt?«

Neun Monate braucht der Autor zur Vollendung des Textes. Die Novelle erscheint im Februar 2002 im Steidl-Verlag und wird ein großer Erfolg.

6. Interpretationsansätze

Der Auftakt

Mehrfach ist darauf hingewiesen worden, dass Interpreten gut daran tun, den eröffnenden Sätzen der Romane des Autors Günter Grass besondere Aufmerksamkeit zu widmen. Auch die ersten Sätze der Novelle *Im Krebsgang* fordern zum genauen Lesen heraus:

■ Die ersten Sätze

»›Warum erst jetzt?‹ sagte jemand, der nicht ich bin. Weil Mutter mir immer wieder… Weil ich wie damals, als der Schrei überm Wasser lag, schreien wollte, aber nicht konnte… Weil die Wahrheit kaum mehr als drei Zeilen… Weil jetzt erst…

Noch haben die Wörter Schwierigkeiten mit mir. Jemand, der keine Ausreden mag, nagelt mich auf meinen Beruf fest. Schon als junger Spund hätte ich, fix mit Worten, bei einer Springer-Zeitung volontiert, bald gekonnt die Kurve gekriegt, später für die ›taz‹ Zeilen gegen Springer geschunden, mich dann als Söldner von Nachrichtenagenturen kurz gefaßt und lange Zeit freiberuflich all das zu Artikeln verknappt, was frisch vom Messer gesprungen sei: Täglich Neues. Neues vom Tage.

Mag schon sein, sagte ich. Aber nichts anderes hat unsereins gelernt. Weil ich jetzt beginnen muß, mich selber abzuwickeln, wird alles, was mir schiefgegangen ist, dem Untergang eines Schiffes eingeschrieben sein, weil nämlich, weil Mutter damals

hochschwanger, weil ich überhaupt nur zufällig lebe.
Und schon bin ich abermals jemand zu Diensten, darf aber vorerst von meinem bißchen Ich absehen […].« (S. 7)

Die zentrale Frage

Die kurze, prädikatlose Frage »Warum erst jetzt?« (S. 7), die der Erzähler an den Anfang setzt, verlangt nach Ergänzung. Sie bezieht sich offensichtlich auf eine Handlung, eine Tat, ein Ereignis oder eine Aussage, die nicht mitgeteilt wird. Aus der Frage geht weder hervor, worüber gesprochen wird, noch, wer angesprochen ist. Dagegen erkennt man deutlich, dass die Frage eine Vorgeschichte hat.

Der Satz »Warum erst jetzt?« steht nicht nur als Herausforderung an den Erzähler, die Leser und Interpreten am Anfang des Textes; er bildet den konzeptionellen Ausgangspunkt der folgenden Novelle. Nicht nur der Erzähler, sondern auch der Autor scheint von der Frage bewegt zu sein.

Entwürfe und Endfassung

Ein Blick in die ersten Fassungen des Textes[27] dürfte das bestätigen: Im ersten handschriftlich verfassten Entwurf vom 17. Februar 2001 lautet der erste Satz: »Warum erst jetzt, sagte er und schrieb in seine Kladde: Warum jetzt erst?« In einem zweiten Entwurf vom gleichen Tag heißt es: »Ich könnte schreien, kann aber nicht.

27 Die Entwürfe und Korrekturfassungen zu der Novelle *Im Krebsgang* sind in einem nicht publizierten Sammelband *Atelier und Schreibwerkstatt* im Günter Grass-Haus in Lübeck in der Glockengießergasse 21 einzusehen.

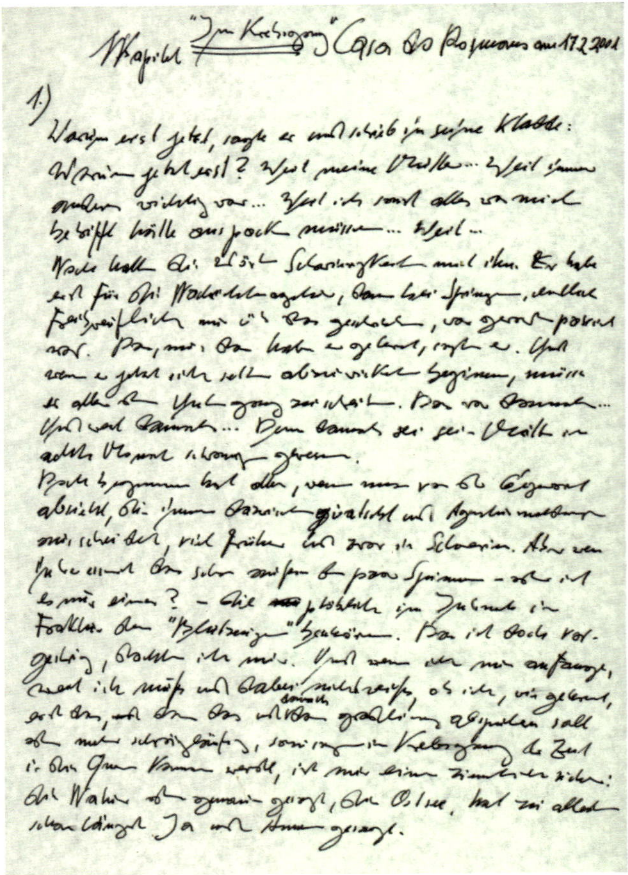

Abb. 5: Erster handschriftlicher Entwurf von Günter Grass, verfasst am 17. Februar 2001. – © Steidl Verlag Göttingen / Foto: Günter Grass-Haus, Lübeck

Wie damals der Schrei überm Wasser. Warum erst jetzt?« Die erste mit Schreibmaschine gefertigte Fassung setzt dann die Frage wieder an den Anfang: »›Warum erst jetzt?‹ sagte jemand, der nicht ich bin. Und so stand gleich am Anfang in meiner Kladde die Frage: Warum jetzt erst?«

Damit drängt eine zweite Frage nach: Wer ist dieser Jemand, der nicht »ich« ist, und wer ist dieses Ich. Der zweite Satz wird später gestrichen und die nächste maschinengeschriebene Fassung hat dann die endgültige Form: »›Warum erst jetzt?‹ sagte jemand, der nicht ich bin.«

Die zentrale Frage

Die zentrale Frage ist also in allen Fassungen enthalten und gewinnt ihre ursprüngliche Spitzenstellung zurück, die sie im zweiten Entwurf verloren hatte. Dagegen wechseln die Fragesteller. Im ersten und zweiten Entwurf ist von einem Ich die Rede, das erste Sätze »in seine Kladde« schreibt und dabei von einem noch nicht identifizierbaren Erzähler beobachtet wird. In der überarbeiteten und dann endgültigen Fassung stellt ein »jemand, der nicht ich bin« die Frage, während der bisher von außen beobachtete Schreiber zum Ich-Erzähler geworden ist. Damit ist die Frage aus dem engen privaten Horizont eines schreibenden Ichs herausgehoben und gewinnt an Brisanz und Relevanz; denn dieser »jemand« ist eine höhere Instanz mit weiterem Horizont und größerer Kompetenz. Niemand anderes als der Autor Günter Grass, der sich bald als dieser Jemand zu erkennen gibt, stellt nun die Frage, die auf Antwort wartet: »Warum erst jetzt?«

Von interpretierenden und rezensierenden Lesern genauer ausgeführt, lautet die grundlegende Frage:

> »Warum erst jetzt die Beschäftigung mit dem entsetzlichen Leid, das Deutschen in der letzten Phase des Zweiten Weltkrieges widerfahren ist, als Hunderttausende im Feuersturm der Bomben verglüht, von Trümmern erschlagen oder verschüttet wurden, als Millionen in Panik vor der Roten Armee davonliefen und viele dabei auf elende Weise zugrunde gingen – verhungert, erfroren, ertrunken, erschlagen oder zu Tode vergewaltigt.«[28]

Die literarische Debatte 1997

Das »erst jetzt«, das Vorgeschichte und Erzählergegenwart in Beziehung setzt, macht deutlich, dass eine doppelte Frage gestellt wird. Erstens: Warum ist darüber bis jetzt geschwiegen worden? Zweitens: Warum soll darüber jetzt öffentlich geredet und geschrieben werden? Beide Fragen sind Thema einer intensiven und breiten literarischen Debatte, die 1997 durch Veröffentlichungen des Schriftstellers W. G. Sebald ausgelöst wurde, an der sich auch Günter Grass beteiligte und auf die er nun mit seiner Novelle *Im Krebsgang* reagiert.

Der Schreiber des ersten Entwurfs, den man sich über »seine Kladde« gebeugt vorstellen mag, reflektiert die Gründe seines bisherigen Schweigens in abgehackten unvollständigen Sätzen: »Wie meine Mut-

28 Martin Ebel, »Warum es jetzt doch endlich Zeit ist für diese Geschichte«, in: *Basler Zeitung* vom 8. 2. 2002.

ter… Weil immer anderes wichtiger war… Weil ich sonst alles was mich betrifft hätte auspacken müssen… Weil…« Der auktoriale Erzähler resümiert dazu: »Noch hatten die Wörter Schwierigkeiten mit ihm.« Aus diesem Resümee des außenstehenden Erzählers werden später Überlegungen des Ich-Erzählers, von denen man nicht weiß, ob sie gesprochen oder geschrieben zu denken sind: »Noch haben die Wörter Schwierigkeiten mit mir« (S. 7). Der genannte »jemand« drängt dann dazu, das Schweigen aufzugeben und nun endlich zu »beginnen« (S. 7).

Der »Alte«

Sehr viel später stellt sich dann auch dieser »jemand«, der inzwischen als der »Alte« eingeführt wurde und mit der Person des Autors Günter Grass gleichzusetzen ist, der Doppelfrage. Er begründet sein eigenes und das allgemeine Schweigen damit, dass in der Nachkriegszeit bis in die Gegenwart hinein »die eigene Schuld übermächtig und bekennende Reue in all den Jahren vordringlich gewesen sei« (S. 99). Jetzt aber sieht er ein, dass es »Aufgabe seiner Generation gewesen (wäre), dem Elend der ostpreußischen Flüchtlinge Ausdruck zu geben« (S. 99). Doch geht es ihm nicht nur um historische Vollständigkeit oder gar Wahrheit; er hat vielmehr Sorge, dass »das gemiedene Thema« von den »Rechtsgestrickten« (S. 99) aufgenommen und damit ideologisch verfälscht behandelt wird.

Ideologie und Wahrheit

Das »Versäumnis«, das in den Augen des Alten »bodenlos« (S. 99) ist, muss also beseitigt werden – im Hinblick auf die vergangene Geschichte und im Hinblick auf die politische Zukunft. Die Frage »Warum erst jetzt?« ist keine private, sondern eine öffentliche. Der Ich-Erzähler stellt sich der Aufgabe, indem er beginnt, »diese Geschichte« (S. 7) aufzuarbeiten. Er sucht nach der passenden Form: Wie soll erzählt werden und wer soll erzählen? Die Aufgabe besteht darin, die persönliche Geschichte in den Rahmen weltgeschichtlicher Ereignisse einzupassen.

Novellistisches Erzählen

Als »Eine Novelle« (S. 3) kündigt der Autor sein Werk in der Titelei an. Er stellt sich damit in eine Tradition der europäischen und deutschen Literaturgeschichte. Schon mit *Katz und Maus*, dem zweiten Band der »Danziger Trilogie«, hatte Grass seine Kritiker herausgefordert und bewiesen, dass novellistisches Erzählen weiterhin möglich ist.

■ »Das Zeug zur Novelle«

Ausdrücklich wird dem Erzähler von *Im Krebsgang* bestätigt, dass sein »Bericht […] das Zeug zur Novelle« (S. 123) habe. Dieser winkt zwar ab und bemerkt, dass ihn eine solche »literarische Einschätzung […] nicht kümmern« (S. 123) könne; doch der Leser sollte sich durchaus veranlasst fühlen, die gelegte Spur zu verfolgen. Ein Ausgangspunkt für entsprechende Überlegungen kann die von Johann Peter Eckermann überlieferte Äußerung Goethes sein: »[…] denn was ist eine Novelle anderes als eine sich ereignete unerhörte Begebenheit.«

Einigkeit dürfte darin bestehen, dass es sich bei

dem Untergang der *Gustloff* um ein Ereignis handelt, das tatsächlich stattgefunden hat, das aufgrund seiner näheren Umstände und seiner Dimension als »unerhört«, nämlich als ›ungeheuer‹, ›unglaublich‹, ›außerordentlich‹ charakterisiert werden kann, das aber auch in jenem anderen Sinne als »unerhört« angesehen werden muss, als das Ereignis nach Ansicht der Beteiligten noch nicht hinreichend zu Gehör gebracht wurde. Es muss dem Novellisten also darum gehen, die Bedeutung des real Geschehenen durch eine angemessene literarische Formung als bedeutungsvoll nachzuweisen und es dem Publikum nahezubringen.

Die »unerhörte« Begebenheit

Ein Ich, das Wert darauf legt, dass es nicht für die Frage verantwortlich ist »Warum erst jetzt?«, beginnt also zu erzählen. Dieser Erzähler fühlt sich von seiner Mutter gedrängt und erinnert sich, dass er schon damals nicht schreien konnte, »als das Schreien überm Wasser lag«. Jetzt also wird er erzählen – novellistisch, literarisch; nicht protokollartig berichtend. Vergleichbar der Novelle *Katz und Maus*, die inzwischen als »Muster einer neuen moralischen Erzählung«[29] angesehen wird.

»Muster einer neuen moralischen Erzählung«

Der Ich-Erzähler der Novelle *Im Krebsgang*, der im Augenblick des Untergangs der *Gustloff* am 30. Januar 1945 geboren wurde, scheint die geeignete Figur zu sein, die die Geschichte dem Anlass und der Intention gemäß erzählen könnte. Man erklärt ihm, »das Herkommen [s]einer verkorksten Existenz sei ein einma-

29 Josef Kunz, »Die Novelle«, in: Otto Knörrich, *Formen der Literatur*, Stuttgart 1981, S. 263.

liges Ereignis, exemplarisch und deshalb erzählenswert« (S. 30). Die ihn auf diese Weise anstoßen, haben als Literaturkenner Ahnung von literarischen Stoffen und ihrer Verwendung und denken vielleicht an die *Novelas ejemplares* von Cervantes, zu Deutsch *Exemplarische Novellen*, als Vorlage oder Muster. Sie versuchen, den Erzähler davon zu überzeugen, dass er ein »exemplarischer Fall« (S. 42) sei. Jener Literaturkenner, der drängt, mit dem Schreiben zu beginnen, und der in Aussicht stellt, dass aus dem »Zeug« eine »Novelle« (S. 123) werden könnte, beobachtet den Erzähler durchgehend und macht das Erzählen zu einem gesellschaftlichen Ereignis, wie es in Boccaccios *Dekameron* vorgeformt ist.

Dieser Beobachter im Hintergrund wird im ersten Satz der Novelle eingeführt als »jemand, der nicht ich bin« (S. 7). Später erfährt man, dass er der eigentlich Kompetente ist und dass alles, was »mit der Stadt Danzig und deren Umgebung verknüpft oder locker verbunden sei, seine Sache« (S. 77) ist. Spätestens an dieser Stelle merkt der kundige Leser, dass sich hier der Verfasser der »Danziger Trilogie«, also Günter Grass, selbst einmischt. Ironisch distanziert spricht er von sich als dem »Alten«, der es versäumt habe, »das Schicksal der Pokriefkes« zu erzählen, und für den es jetzt »zu spät« (S. 77) sei, da er sich »müdegeschrieben« (S. 99) habe. Deshalb sucht er eine »Hilfskraft« oder einen »Ghostwriter« (S. 30), der die Sache zu Gehör bringt. Er gewinnt das erzählende Ich mit dem zweifelhaften Kompliment: »Als Person von eher

Der »Alte« und sein Ghostwriter

dürftigem Profil, sei ich dennoch prädestiniert: geboren, während das Schiff sank« (S. 78).

Selbstdarstellung des Erzählers

Fraglich ist, ob sich jemand durch solche Charakterisierung motiviert fühlen kann. Von sich selbst sagt der Erzähler, dass er »ein mittelmäßiger Journalist« (S. 42) sei, der »leidlich« gelernt habe, »mit einem Computer umzugehen« (S. 8), der »ziemlich rechtslastig für Springer zu schreiben begann« (S. 31), später »ziemlich links eingestellt« (S. 21) war, sich dann aber als »Agenturschreiberling über Wasser« (S. 43) hielt, indem er Informationen sammelte und bearbeitete, sich aber aller persönlicher Meinungen und Urteile zu enthalten hatte. Jetzt, das merkt er, hat er »Jungnazis« entgegenzutreten, die als »Kameradschaft Schwerin« unter der Internetadresse »www.blutzeuge.de« »markige Sprüche« verbreiten (S. 8).

Die Erzählweise: »Nach Art der Krebse«

Er spürt die Notwendigkeit, aber auch die Schwierigkeit der Aufgabe und plant, den Ereignissen der Vergangenheit »eher schrägläufig in die Quere« (S. 8) zu kommen – »etwa nach Art der Krebse, die den Rückwärtsgang seitlich ausscherend vortäuschen, doch ziemlich schnell vorankommen« (S. 8 f.). »Im Krebsgang« – so der Titel der Novelle – will er vorgehen. Er kennzeichnet damit eine Haltung und eine Arbeitsweise, durch die letztlich die Struktur der Novelle bestimmt wird. Im »Rückwärtsgang« wird er sich an das Ereignis heranmachen, das der Vergangenheit angehört. Er wird recherchieren, was über die *Gustloff* und deren Untergang zu erfahren ist. Dabei stößt er auf nationalsozialistisch geprägte Streit-

Recherche und Auswertung

schriften wie die von Wolfgang Diewerge (S. 14, 16, 17, 24, 25, 28, 189), die »im Franz Eher Verlag, München, im Jahr 1936« (S. 14) erschienen war, im gleichen Verlag, der auch Hitlers *Mein Kampf* herausbrachte. Daneben liest er »Emil Ludwigs [...] Schrift ›Der Mord in Davos‹« (S. 17, auch 10, 16, 28). Beide Autoren befassen sich mit Wilhelm Gustloffs Ermordung durch David Frankfurter. Aber: »Was bei Wolfgang Diewerge ›eine feige Mordtat‹ hieß, geriet dem Romanautor Emil Ludwig zum ›Kampf Davids gegen Goliath‹« (S. 28). Direkt zu Anfang merkt der Erzähler, dass nicht die Fakten Probleme bereiten, sondern deren Einschätzung, Bewertung und ideologische Ausschlachtung.

Hauptquelle: Heinz Schön, *Die »Gustloff«-Katastrophe*

Um ein sicheres Fundament für ein eigenes Urteil zu finden, arbeitet er das 1984 erschienene, 515 Seiten starke Werk von Heinz Schön durch: *Die »Gustloff«-Katastrophe. Bericht eines Überlebenden über die größte Schiffskatastrophe im Zweiten Weltkrieg.* Er gibt zu, dass er von dem »Sammlerfleiß« (S. 62) des einstigen Zahlmeisterassistenten der *Gustloff* profitiert, der alles, was das Schiff betrifft, aufgelistet hat: »die Anzahl der Kabinen, die Unmengen Reiseproviant [...] und schließlich – von Buchauflage zu Buchauflage steigend – die Zahl der Toten und Überlebenden« (S. 62). Heinz Schön ist des Erzählers wichtigster Gewährsmann; auf ihn beruft er sich immer wieder (S. 63, 71, 91, 96, 97, 113, 115, 147, 191). Ergänzend liest er eine Veröffentlichung englischer Kriegshistoriker (S. 115, 129). Um eine visuelle Vorstellung zu gewinnen, sieht er sich zwei Filme an: Der »Regisseur

Rolf Lyssy« hat die Ermordung Gustloffs »ziemlich korrekt« verfilmt; doch: »Neues sagt der Film nicht« (S. 68). Mehr Eindruck macht der Film *Nacht fiel über Gotenhafen* – ein Schwarzweißfilm unter der Regie von »Frank Wisbar« (S. 113). Doch kann auch dieser Film nicht zeigen, wie es wirklich gewesen ist. Die Wirklichkeit an sich, so darf man vermuten, wird immer verdeckt bleiben. Auszumachen sind die Sehweisen derer, die sich mit dem Gegenstand befassen.

Das Grundproblem, das sich dem Erzähler stellt, wird durch diese Recherchen nicht gelöst, aber immer deutlicher erkannt. Unübersehbar ist die Schwierigkeit, das, was geschehen ist und was verkürzt die »Geschichte« (S. 7) der *Gustloff* genannt wird, sprachlich zutreffend zu fassen. Als geschichtliche Darstellung, als *historia*, wäre ein objektiver, informativer Bericht das angestrebte Ziel. Aber selbst die umfangreiche Dokumentation von Heinz Schön enthält Lücken und muss mehrfach korrigiert werden. Außerdem ist sie, wie Paul Pokriefke sagt, »zu unbeteiligt geschrieben« oder wie seine Mutter sagt: »nech persenlich jenug erlebt« (S. 94). Diese erwartet keine historische Abhandlung, sondern ein »Zeugnis« (S. 19), eine Geschichte »von Härzen« (S. 94), eine *fabula* also, in der die vielen Einzelschicksale gewürdigt werden und die den Leser erschüttert. Sie sucht einen »Verkünder der Legende eines Schiffes« (S. 95). Sie findet ihn schließlich in ihrem Enkel, nachdem sich ihr Sohn jahrelang geweigert hat, sich von der »Ewiggestrigen« (S. 89) vereinnahmen zu lassen.

Unübersehbare Schwierigkeiten

Distanz zur Geschichte

Der Erzähler distanziert sich ausdrücklich von den Erwartungen der Mutter. Er will keinen Erlebnisbericht liefern und möchte auf keinen Fall ideologisch vereinnahmt werden. Kritisch sieht er die unterschiedlich geprägten Abhandlungen von Diewerge und Ludwig zum Tod Wilhelm Gustloffs. Er erlebt, wie Heinz Schön von Überlebenden der *Gustloff* gestraft wird, als er einen Vortrag über die »Versenkung der *Wilhelm Gustloff* am 30. Januar 1945 aus der Sicht der Russen« (S. 96 f.) hält. Dann muss er erleben, wie »Wilhelm« und sein Chat-Partner »David« von extrem unterschiedlichen Standpunkten an die Geschichte des Schiffs herangehen. Es scheint schwierig, vielleicht unmöglich, die »sich ereignete« Geschichte der *Gustloff* als wahre Geschichte, sei es als *historia*, sei es als *fabula*, zu formulieren und zu vermitteln.

Wahrheit und Legende

Mehr als von der Ereignisgeschichte der *Gustloff* ist in der Novelle *Im Krebsgang* von der Schwierigkeit die Rede, Wahrheit und Lüge, Information und Legende zu trennen und daraus eine Geschichte zu verfertigen. Zeitgleich mit den rückwärtsgewandten Recherchen glaubt der Erzähler »der Zeit […] schrägläufig in die Quere kommen« (S. 8) zu sollen, also »seitlich ausscherend« (S. 9) in die wieder aufgeflackerte Debatte über die Schiffskatastrophe eingreifen zu müssen.

Er wird sich folglich mit dem, was unter der Internet-Adresse »www.blutzeuge.de« (S. 8) veröffentlicht wird, auseinandersetzen müssen. Ihn interessiert, wer da spricht, und mehr noch, wie jemand dazu kommt, solches »Zeug« zu verbreiten – »mehr zum Lachen als zum Kotzen« (S. 8).

Der Krebsgang

Der *Krebsgang* – vom »Alten« aus der Ferne beobachtet – wird kein einfacher Weg sein. Zeitweise will der Erzähler »nicht weiter im Krebsgang« (S. 30) vorgehen, aber nicht nur der Alte sitzt »im Nacken«, sondern auch seine Mutter, die »niemals lockergelassen hat« (S. 31). Eine zunehmende Belastung ergibt sich daraus, dass der Erzähler »im Krebsgang auf [s]ein privates Unglück« (S. 88) stößt. Der, dem er da in die Quere kommt, ist sein Sohn Konrad, der ins Fahrwasser der »Ewiggestrigen« (S. 89) geraten ist.

Das »unerhörte Ereignis«

Der »Tag des fortlebenden Unglücks« (S. 11) ist nach Ansicht des Erzählers der 30. Januar 1945. Für Tulla Pokriefke, die Mutter des Erzählers, begann das Unglück, als »dieser Russki« den »Befehl jab, die drai Dinger direktemang auf ons loszuschicken…« (S. 11); die Katastrophe auf der *Gustloff* folgte unmittelbar.

Die ganze Story

Für den Erzähler fing »diese Geschichte« (S. 7) vorher an, und er sammelt Material für die ganze Story. Für ihn beginnt die Geschichte mit der Geburt des Namensgebers und tritt dann mit dem Bau des KdF-Schiffs, dem dieser Name angetragen wird, äußerlich in Erscheinung. Nach einer propagandistisch ausgeschlachteten Vorbereitung mit Stapellauf und Schiffstaufe (S. 50 ff.) und einer Glanzzeit mit KdF-Reisen nach Madeira (S. 65), Norwegen (S. 65, 78) und Italien

(S. 70) beginnt am Anfang des Zweiten Weltkriegs dadurch der Niedergang, dass die *Gustloff* zum Kriegsschiff wird. Als dann drei der auf Marineskos Befehl abgeschossenen Torpedos am 30. Januar 1945 die *Gustloff* treffen, fallen »die Schiffsmotoren, [...] die Innenbeleuchtung auf den Decks und die sonstige Technik« (S. 133) aus. Die Katastrophe beginnt. Etwas später erlaubt die anspringende Notbeleuchtung »einige Orientierung im Chaos der ausbrechenden Panik« (S. 133). Der Untergang steht kurz bevor.

»... ist mit Worten nicht zu fassen«

Das, was sich dann als »Unglück«, als größte »Schiffskatastrophe« (S. 14) oder – novellistisch gesprochen – als »unerhörte Begebenheit« ereignet, wird sprachlich weitgehend ausgespart, »ist mit Worten nicht zu fassen« (S. 136). Der Erzähler entschuldigt sich:

> »Mutters für alles Unbeschreibliche stehender Satz ›Da hab ech kaine Töne fier...‹ sagt, was ich undeutlich meine. Also versuche ich nicht, mir Schreckliches vorzustellen und das Grauenvolle in ausgepinselte Bilder zu zwingen, sosehr mich jetzt mein Arbeitgeber drängt, Einzelschicksale zu reihen, mit episch ausladender Gelassenheit und angestrengtem Einfühlungsvermögen den großen Bogen zu schlagen und so, mit Horrorwörtern, dem Ausmaß der Katastrophe gerecht zu werden.« (S. 136)

Der Verzicht auf eine genaue Schilderung der Einzelheiten der Katastrophe wird vom Erzähler, der persönlich unmittelbar betroffen ist, glaubhaft begründet. Gleichwohl handelt es sich um ein in Reden und literarischen Texten häufiger auftretendes, Emotionen weckendes Stilmittel, Aposiopese (Verstummen, Verschweigen) genannt. Der Erzähler gibt zu, dass auch er sich die ganze Katastrophe nicht vorstellen, dass er das weder genau berichten noch wahrheitsgetreu erzählen kann. Indem er sich für unfähig erklärt, die passenden Worte zu finden, veranlasst er den Hörer oder Leser, sich selbst ein Schreckensbild auszumalen.

Aposiopese

Auf diese Weise hat er erreicht, was sein »Auftraggeber« verlangte, ohne doch den Anweisungen – »ausgepinselte Bilder«, »Einzelschicksale«, »Horrorwörter« – zu folgen (S. 136). Das Tabu ist gebrochen, das sowohl »im Osten« wie auch »im Westen« (S. 50) bestand, nämlich »über so viel Leid […] schweigen« zu müssen, »weil die eigene Schuld übermächtig und bekennende Reue […] vordringlich« war (S. 99). Da man jahrzehntelang »ieber die *Justloff* nich reden jedurft hat« (S. 50), ist nicht nur Wichtiges von dem, was zur deutschen Geschichte gehört, verschwiegen worden, sondern es haben sich Legenden gebildet, die das Geschichtsbild verfälschen. Deshalb war es nach Ansicht des Alten an der Zeit, über Flucht und Vertreibung nicht mehr zu »schweigen«, sondern »das gemiedene Thema« (S. 99) aufzunehmen.

Das Tabu ist gebrochen

Wie notwendig das ist, erkennt der Erzähler an der Art, wie sein Sohn die Katastrophe aufarbeitet. Er verbreitet »[u]nter der Chiffre ›www.blutzeuge.de‹ […] in der Sprache der damals offiziellen Verlautbarungen:

Die Begebenheit in der Darstellung Konrads

[…] ›So wütete die russische Soldateska …‹« (S. 101). Er verschweigt, dass die auslaufende *Gustloff* »Flakgeschütze« in Bereitschaft hatte, die sie zum Kriegsschiff machten, dass auf ihr verwundete Soldaten, »U-Bootmatrosen und […] Marinehelferinnen« transportiert wurden (S. 103), dass das Schiff also für den Kriegsfall gerüstet war und gemäß Kriegsrecht vom Gegner bekämpft werden durfte. Einseitig und ideologisch fixiert leugnet er jede Schuld der Deutschen, überhäuft die Gegenseite mit Unrechtvorwürfen und aktualisiert die Tendenz für seine Zeit: »Dieser Terror droht immer noch ganz Europa« (S. 101). Rechtsradikale Mittel und Ziele werden deutlich: Einseitigkeit im Bericht, Lüge, Verzerrung der historischen Wirklichkeit, direkte oder indirekte Aufforderung zu Rache und Gewalt; statt Genauigkeit der Analyse und Bereitschaft zum Diskurs herrscht »der Wunsch nach einem ungetrübten Feindbild« (S. 104) vor.

Die Begebenheit in der Folge der Geschehenskette

Für den Erzähler sieht die Sache anders aus. Die Katastrophe als unerhörte Begebenheit ist zwar Höhepunkt, aber doch nur Teilabschnitt einer sehr viel umfassenderen Geschehenskette. Ein vorläufig letztes Glied der verhängnisvollen Kette ist der Mord Konrad Pokriefkes, alias Wilhelm, an Wolfgang Stremplin, alias David, als Folge des nicht aufzulösenden Streites der ideologisch Festgelegten darüber, wie die Schiffskatastrophe einzuschätzen und zu bewerten und was von dem zu halten sei, der in der Nazi-Zeit als »Blutzeuge« gehandelt wurde – auch dies eine »unerhörte Begebenheit«.

Eine zweite »unerhörte Begebenheit«

Zusammengehalten wird die Geschehenskette durch den Namen »Wilhelm Gustloff«. Konrad Pokriefke, der von den Verbrechen des Regimes und von der Schuld der Deutschen nichts wissen will, glaubt Wilhelm Gustloff, den Namensgeber des Schiffes, rächen zu sollen, indem er als »Wilhelm« seinen Chat-Partner Wolfgang Stremplin ermordet, der unter dem Namen »David« die Belange David Frankfurters, des Mörders von Gustloff, vertritt. Der Mord in Schwerin ist eine Fortsetzung des Mordes in Davos mit umgekehrten Vorzeichen.

■ Die Fortsetzung

Beide Namen – Wilhelm und David – rufen Assoziationsketten wach: Mit dem deutschen Namen Wilhelm waren zwei deutsche Kaiser behaftet, von denen der eine am Anfang, der andere am Ende des Zweiten Deutschen Reiches stand. Der Name David führt zurück ins Alte Testament, das von den Zeiten des Königs David berichtet. Dieser David aus dem Stamme Juda bestand den Kampf mit Goliath, machte Jerusalem zu einer festen Hauptstadt und wehrte die Angriffe der Nachbarvölker ab. »Wilhelm« und »David« stehen in einem bis heute nicht versöhnten Gegensatz.

■ »David« und »Wilhelm«: unversöhnte Gegensätze

Standpunkte und ideologische Fixierungen

Dass nicht die Fakten strittig sind, sondern deren Deutungen, hat der Erzähler von Kind an erfahren können. Seine Mutter, die Ostpreußen hatte verlassen müssen, wurde in Schwerin als »Umsiedlerin« ge-

■ Sehweisen und Deutungen

kennzeichnet. Wäre sie weiter in den Westen Deutschlands gekommen, hätte man sie als »Ostflüchtling« klassifiziert (S. 12). Den verschiedenen Bezeichnungen liegen bei gleicher Faktenlage unterschiedliche Sehweisen und unterschiedliche Einschätzungen des Sachverhalts zugrunde. Während man sich den Vorgang des Umsiedelns als einen einverständlichen Akt des Wohnortwechsels mit gerechtem Ausgleich und unter humanen Bedingungen vorstellt, verbindet man mit Flucht Furcht vor drohender Gewalt und endgültige, ersatzlose Aufgabe dessen, was man zurücklässt. Beide Bezeichnungen – »Umsiedlerin« und »Ostflüchtling« – sind insofern ideologisch geprägt, als sie Ausdruck eines Standpunkts sind, von dem aus das Verhalten der siegreichen russischen Armee unterschiedlich gewertet wird.

■ Sprache und Politik

In der Sprache, so ist allgemeiner zu sagen, spiegeln sich Weltauffassungen; umgekehrt werden Weltauffassungen mittels der Sprache vermittelt und gegebenenfalls durchgesetzt. Dass besonders sprachliches Handeln und politisches Handeln in einer engen Beziehung stehen, wird offenkundig, wenn man den Umgang der diktatorisch Regierenden mit der Sprache untersucht, wie er im sogenannten Dritten Reich und in der Deutschen Demokratischen Republik erfolgte.

■ Selbst- und Fremdeinschätzung der DDR

Die DDR verstand sich als »Arbeiter-und-Bauern-Staat« (S. 54), in dem das »Volk« Ausgangs- und Zielpunkt allen politischen Handelns sein sollte, in dem Betriebe »volkseigen« (S. 21) waren und in dem gemeinschaftlich – einerseits im »Betriebskollektiv« (S. 40), andererseits im »Parteikollektiv« (S. 42, 89) – an einer besseren gemeinsamen Zukunft gearbeitet werden sollte. Dies hatte im Sinne eines Kampfes zu geschehen. Tulla Pokriefke gehört in Schwerin einer »Tischlereibrigade« (S. 21, 67) an und wird als »verdiente Aktivistin« (S. 178) geehrt. Die sich in diesem Kampf auszeichneten, wurden zu »Helden der Arbeit« erklärt. Paul Pokriefke verlässt diesen Staat, hat genug »vom FDJ-Gehampel, den Ernteeinsätzen, den Aktionswochen, dem ewigen Bauaufgesinge« (S. 57). Er schreibt von West-Berlin aus »gegen den Mauer- und Stacheldrahtkommunismus« (S. 21) und nimmt damit die westliche Position ein. Vom Standpunkt der DDR aus betrachtet, ist er zum »Klassenfeind« (S. 20) übergewechselt und als »Republikflüchtling« (S. 19) Verräter an der guten Sache. Seine Mutter darf als »Genossin«, also als Mitglied der SED (Sozialistische Einheitspartei Deutschlands), »keine Westkontakte haben«, vor allem keine Kontakte »mit ihrem republikflüchtigen Sohn« (S. 21). Die Zweiteilung der Welt wird sprachlich signalisiert und mit allen Mitteln durchgesetzt.

Elemente der Nazi-Sprache

Genauer, brutaler und folgenreicher waren die Nazis vorgegangen. Sie feierten den 30. Januar 1933 als Tag der »Machtergreifung« (S. 11, 16, 23, 36, 116) oder der »Machtübernahme« (S. 16, 23) und deuteten den Akt, in dem Hitler als Reichskanzler die Regierungsverantwortung übergeben wurde, als Herrschaftsauftrag mit absoluter Machtfülle. Ausbau und Sicherung der

Macht erfolgen über das Ermächtigungsgesetz (S. 39), die Errichtung der ersten Konzentrationslager (S. 17, 41) und die Beseitigung der innerparteilichen Gegner wie Röhm und Strasser (S. 10). Ziel ist die Errichtung eines »Führerstaates«, in dem in äußerster Konsequenz nur einer – der »Führer« – befiehlt und alle anderen zu gehorchen haben.

Die Legitimation ist nicht staatsrechtlicher, sondern religiöser Art und wird mit allen verfügbaren Medien propagiert. Im Hintergrund ist eine Ideologie zu erkennen, die soziale Gegebenheiten und Handlungsweisen der Führenden absichern, aufwerten und legitimieren sollen. Die grundlegenden Sätze des Systems sind als Glaubenssätze nicht beweisbar und als wissenschaftliche Thesen problematisch oder sogar falsch. So wird noch am 30. Januar 1945 »Hitlers Rede an sein Volk« (S. 119) vom Rundfunk übertragen und durch Lautsprecher auf der dem Untergang entgegenfahrenden *Gustloff* verbreitet. In ihr verkündet der »Führer«:

> »Heute vor zwölf Jahren, am 30. Januar 1933, einem wahrhaft historischen Tag, hat mir die Vorsehung das Schicksal des deutschen Volkes in die Hand gelegt ...« (S. 119).

Der Satz ist in dem originalen Redetext[30] nicht zu finden, entspricht aber der Tendenz der tatsächlich über-

30 *Reden des Führers. Politik und Propaganda Adolf Hitlers 1922–1945*, hrsg. von Erhard Klöss, München 1967, S. 318.

tragenen Rede und enthält in Kurzform die ideologische Rechtfertigung der »Machtergreifung« und des »Führerstaats«. Dieser Theorie nach habe eine göttliche Macht, die »Vorsehung« (S. 10, 11, 41, 118), die von ferne die Geschicke auf der Erde lenkt, dem hier Sprechenden den Auftrag gegeben, stellvertretend für die ewige Macht zu wirken. Er, der »Führer«, habe den Auftrag angenommen und lenke »das Schicksal des deutschen Volkes«, verantwortlich nicht dem Volk, auch nicht Gesetzen oder einer Verfassung, sondern nur jener unbekannten höheren Macht.

»Machtergreifung«

Von denen, die zu führen er sich ermächtigt glaubt, erwartet er unbedingten Glauben, Gehorsam – und Opfer. Wer in dieser Haltung stirbt, wird zum »Blutzeugen«. »Blutzeuge«, das deutsche Wort für »Märtyrer«, ist ein emotional geladenes Leitwort der religiösen Sprache. Der Märtyrer erfüllt im Tod den Sinn seines Lebens und liefert gleichzeitig anderen einen Beweis für die Wahrheit seines Glaubens. Da »Blut« in der Rassenideologie einen besonderen Stellenwert hat, ist das deutsche Wort »Blutzeuge« propagandistisch wirkungsvoller als das Lehnwort »Märtyrer«. Wilhelm Gustloff, der in seiner Wohnung auf einer Kommode »des Führers Büste« (S. 27) stehen und an der Wand »den Ehrendolch der SA« hängen hat (S. 27), dient über den Tod hinaus als »Blutzeuge der nationalsozialistischen Bewegung« (S. 29). Die Überführung »der Leiche im Sarg« und die »Trauerfeier in Schwerins Festhalle« (S. 35) tragen deutlich Züge einer Heiligenverehrung. »Der tote

»Blutzeuge« = Märtyrer

Wilhelm Gustloff«, so durchschaut der Erzähler, »wurde zu einer Figur aufgepumpt«, die wie der »Oberblutzeuge« Horst Wessel Leitbildfunktion übernehmen sollte (S. 34).

Das Mahnmal, das dem »Blutzeugen« in Schwerin gesetzt wurde, trug die Inschrift: »Gelebt für die Bewegung – Gemeuchelt vom Juden – Gestorben für Deutschland« (S. 171). Damit wird das gesamte Leben Gustloffs von der Geburt bis zum Tod vereinnahmt. Was er tat und was er litt, wird auf die Fixpunkte »Deutschland« und »nationalsozialistische Bewegung« bezogen. Als Feind Deutschlands und der Bewegung wird »der Jude« angesehen. Dieser kollektive Feind ist gemäß jener Ideologie nur zu einem feigen, unehrenhaften Kampf – zum »Meucheln« – fähig. Zusammen mit der Aufwertung des eigenen Vertreters zum »Blutzeugen« erfolgt die Abwertung des Gegners zum »Meuchelmörder«.

Der feige, unehrenhafte Feind

Genau dieses Weltbild übernimmt Konrad Pokriefke. Er gesteht noch vor Gericht, in Wilhelm Gustloff sein »Vorbild gesehen« zu haben, und sagt wörtlich: »Dem Blutzeugen verdanke ich meine innere Haltung. Ihn zu rächen war mir heilige Pflicht!« (S. 195). Diese Rachetat verübt er am 20. April 1997, dem Geburtstag des »Führers«, und gesteht: »Ich habe geschossen, weil ich Deutscher bin« (S. 175). Äußerer Anlass ist, dass Wolfgang Stremplin »[a]ls Jude […] auf das vermooste Fundament gespuckt, also den Ort des Gedenkens ›entweiht‹« (S. 174) hatte. Wieder gehen Nationalismus – »weil ich Deutscher bin« – und

»Heilige Pflicht«

Konrads ideologische Verblendung

Rassismus – Kampf gegen den »Juden« – ein ideologisches Bündnis ein.

Wie einst Wilhelm Gustloff, David Frankfurter und Alexander Marinesko sind auch »Wilhelm« und »David« jetzt »Menschen, die immer nur auf einen Punkt starren, bis es kokelt, qualmt, zündelt« (S. 68). Als ideologisch Fixierte sind sie dem Erzähler nicht »geheuer« (S. 68). Dieser versucht, ein Ereignis von verschiedenen Seiten und von verschiedenen Standpunkten aus zu betrachten. Deshalb hat er es mit dem Schreiben schwer, und deshalb empfindet er die Verirrung seines Sohnes als Unglück.

Als Schachzug wirkungsvoller Propaganda erwies sich der Entschluss der Nationalsozialisten, »das geplante KdF-Schiff nach dem jüngsten Blutzeugen der Bewegung benennen zu lassen« (S. 41). Dieses Schiff »mit nur einer einzigen Passagierklasse« sollte »vorbildlich« für die angestrebte »Volksgemeinschaft aller Deutschen« werden (S. 41). Ziel war, »Reichsdeutsche« (S. 25) und »Auslandsdeutsche« (S. 33) in einem »Reich« (S. 23, 24, 25 ff.) zusammenzuführen, das nicht nur als Nationalstaat einig und einzig dasteht, sondern auch im religiösen Sinne als auserwählt gelten darf. Dieses Reich zu schaffen war eine Sache der Propaganda, der Organisation und der Kriegsvorbereitung.

■ »Volksgemeinschaft«

Die Volksgemeinschaft hatte gemäß der Vorstellung des Führers eine Glaubens-, Kampf- und Schicksalsgemeinschaft zu sein. Vom Tag der Machtergreifung an begann der offene Kampf gegen die Juden in

■ »Der Jude« als »Feindbild«

Deutschland: »Bücher jüdischer Autoren« wurden verbrannt, die Arbeitsplätze jüdischer Wissenschaftler wurden mit einem »Davidstern« gekennzeichnet (S. 16), Juden wurden auf offener Straße misshandelt. Von überzeugten Nationalsozialisten wurde »die Lösung der Judenfrage als unaufschiebbar angesehen« (S. 27). Die Einrichtung der Konzentrationslager bereitete diese »Lösung« vor.

Abwertungen

Zur Rechtfertigung diente eine Rassenideologie, deren Hauptziel es war, die »arische Rasse« und damit den »deutschen Menschen« aufzuwerten und die zum Feind erklärten Gegner abzuwerten. Frau Gustloff stritt zwar ab, dass ihr Mann das Wort »Schweinejuden« (S. 26) gebraucht habe; dennoch ist es ebenso wie »Judengesocks« (S. 150) überliefert. Konrad verwendet mehrfach in der Auseinandersetzung mit seinem Chat-Partner unreflektiert aus dem »Lehrbuch des Rassismus« (S. 118) die These von der Macht der »Plutokraten« und des »Weltjudentums« (S. 65, 74, 82, 118). Abwertend gebraucht er die Bezeichnung »Itzig« (S. 49) für einen beliebigen Juden und übernimmt damit eine Bezeichnung, die zum Sprachschatz seiner Großmutter gehört.

Von seiner Großmutter scheint er auch das Weltbild übernommen zu haben, dem gemäß die Bewohner der östlichen Staaten Europas niedrig eingestuft werden: Die in »offiziellen Verlautbarungen« als »russische Untermenschen« (S. 101) abqualifiziert werden, sind für Tulla Pokriefke der »Iwan« (S. 97) oder auch der »Russki« (S. 11, 13, 33); polnische Bürger gelten als

»Polacken« (S. 205) – auch lange nach dem Ende des Zweiten Weltkriegs.

Offener und verdeckter Rassismus – so muss der Erzähler feststellen – ist nicht nur bei den »Ewiggestrigen« (S. 50, 72, 89, 104), zu denen er seine Mutter zählt, sondern auch bei den »Jungnazis« (S. 8) auszumachen, wie das Beispiel seines Sohnes zeigt.

Die nationalsozialistische Ideologie in der Einschätzung von Tulla, Paul und Konrad Pokriefke

Tulla, die »Ewiggestrige«

Tulla Pokriefke hat den Aufstieg, das Ende und die Folgen des Nationalsozialismus miterlebt. Aber sie hat die Zusammenhänge nicht erfasst. Sie hat »nur Märchenhaftes von einem Schiff gehört, das weiß schimmerte und beladen mit fröhlichen Menschen« (S. 29) war. Auch in der Erinnerung bleibt die *Gustloff* für sie »ain scheenes Schiff« (S. 57). Über die Funktion des Schiffes als Mittel der Propaganda hat sie nie nachgedacht. Schuld am Untergang der *Gustloff* hat in ihren Augen »dieser Russki« (S. 11, 13), der die Torpedos abgeschossen hat. Die Opfer, vor allem »all die Kinderchen« (S. 57, 91) betrauert sie aufrichtig. Dass aber auch diese Kinder letzten Endes Opfer des nationalsozialistischen Regimes waren, würde ihr nie in den Sinn kommen.

■ Durch Propaganda geblendet

Ihre Urteile sind spontan, nicht reflektiert, aber of-

Unreflektiertes Urteil

fen und ehrlich. Das hat zur Folge, dass sie »vieles zu laut und zur falschen Zeit« (S. 39) sagt. Sie ist »nicht zu fassen« und »nicht auf Linie zu bringen« (S. 100). Das macht sie sympathisch, aber auch problematisch.

Paul, der Belastete und Zögernde

kritisches Hinterfragen

Paul Pokriefke ist am Schicksalstag des 30. Januar 1945 geboren und hat schon deshalb allen Grund, sich mit dem Wendepunkt der deutschen Geschichte zu befassen. In der Kindheit und frühen Jugend war er der ideologischen Deutung der DDR ausgesetzt. Als er nach Westberlin kam, lernte er linke und rechte politische Positionen kennen. Als er in den späten 90er Jahren beginnt, intensive Forschungen über das KdF-Schiff zu betreiben, fragt er bei der Sichtung des ihm zugänglichen Materials: »Wie konnte es dem durch Ermächtigung entstandenen Staat […] gelingen, die […] Arbeiter und Angestellten nicht nur zum Stillhalten, sondern zum Mitmachen, alsbald zum Massenjubel […] zu verleiten?« (S. 39). An der Haltung seiner Mutter erkennt er, dass die nationalsozialistische Propaganda durchaus erfolgreich war. Doch sieht er darin nur eine »Teilantwort« (S. 39); eine abschließende, alles erklärende Antwort wird er nicht finden.

Er scheut das endgültige Urteil, möchte »weder-noch sein«, gibt sich »in der Regel neutral« (S. 75). Nicht geheuer sind ihm »Menschen, die immer nur auf einen Punkt starren« (S. 68); fremd ist ihm »ein jeder, der nur ein einziges Ziel vor Augen hat, zum Beispiel mein Sohn ...« (S. 69). Er, der sich hütet, einseitig und ideologisch fixiert zu urteilen, muss erleben, dass sein Sohn, entgegen den Erziehungsgrundsätzen seiner Eltern, zum ideologisch verleiteten Mörder wird.

keine ideologische Fixierung

Damit stellt sich für ihn die Frage nach der Schuld. Er, der selbst vaterlos aufgewachsen ist (S. 22, 144), ist »schließlich Vater geworden« (S. 22); er weiß, dass er diese Rolle nicht gut ausgefüllt hat. Als er erfährt, dass sein Sohn zum Mörder geworden ist, formuliert er den Ausrufesatz: »Ach, wäre ich, der Vaterlose, doch nie Vater geworden!« (S. 184). Der irreale Wunschsatz ist Ausdruck großer Verzweiflung und hat große Ähnlichkeit mit dem Satz »O wär ich nie geboren!«, den antike Autoren jene Figuren sprechen lassen, die erkennen, dass sie in tragische Schuld verwickelt sind. Trotzdem lehnt er sich auf und möchte die Schuld auf seine Mutter abwälzen: »Sie, allein sie ist schuldig« (S. 193). Es ist ein schwacher Versuch, der letztlich von Konrad, dem Angeklagten, zurückgewiesen wird. Paul Pokriefke ist tief verunsichert. Er relativiert seine eigenen Urteile und sucht vergeblich nach gültigen Maßstäben. »Nichts hält auf ewig« (S. 166) ist eine seiner Maximen. Damit entzieht er sich jedem abschließenden Urteil.

Ausdruck der Verzweiflung

Suche nach dem Schuldigen

Konrad, der Verblendete

Konrad Pokriefke, der sechzehnjährige Gymnasiast, übernimmt nicht nur die Wertung seiner Großmutter – »Die *Gustloff* war ein schönes Schiff« (S. 73) –, er feiert auch »den Tag der Machtergreifung« (S. 116), setzt sich dafür ein, dass wieder ein Gedenkstein da errichtet wird, »wo seit 1937 der hochragende Granit zu Ehren des Blutzeugen gestanden hat« (S. 83), und bietet sich als Ansprechpartner im Internet unter der Adresse »www.blutzeuge.de« an.

falsche Leitbilder

Für ihn ist der von der »Vorsehung« (S. 41) auserwählte »Führer« immer noch Leitbild. Er verteidigt die »These von der notwendigen Reinerhaltung der arischen Rasse und des deutschen Blutes« (S. 48) und verdächtigt das »Weltjudentum« und die »Plutokraten« (S. 65), bis in die Gegenwart Einfluss auf demokratische Wahlen zu nehmen.

Höhepunkt der Verblendung

Der Höhepunkt der Verblendung ist erreicht, als er David, seinen Chat-Partner, als vermeintlichen Juden erschießt, um so den von ihm verehrten Blutzeugen »zu rächen« (S. 195). Dies sei ihm »heilige Pflicht« (S. 195) gewesen.

Ob die Tatsache, dass er das in der Haft mühsam nachgebaute Schiffsmodell der *Gustloff* »mit bloßer Faust« (S. 215) zerschlägt, ein Zeichen der Einsicht und Umkehr ist, ist schwer zu glauben und kaum zu entscheiden.

7. Autor und Zeit

Im Lebens- und Erfolgsweg des Schriftstellers, Politikers, Bürgers und Menschen Günter Grass spiegelt sich die deutsche Geschichte vom Ende der Weimarer Republik über die Nazi-Diktatur, über Krieg und Nachkriegszeit bis zur Wiedervereinigung des lange geteilten Landes. Die Anfänge der Nazi-Zeit erlebte Grass noch im Freistaat Danzig, die Überwindung der deutschen Teilung später im geschichtsträchtigen Lübeck. Weniger als Zeitzeuge, mehr als Kritiker seiner Zeit machte er sich einen Namen. Seine Stimme als »Gewissen der Nation« wurde von den einen eingefordert, von anderen gefürchtet, von allen zur Kenntnis genommen. Er engagierte sich da, wo die Menschenrechte bedroht waren, wo die Demokratie gestärkt werden musste, wo der Friede gefährdet war und wo begangene Schuld geleugnet wurde. Sein Werk aber, aus dem die »Danziger Trilogie« herausragt, wurde im Laufe der Zeit – allen Anfeindungen, denen er sich ausgesetzt sah, zum Trotz – Weltliteratur. Zu den großen deutschen Literaten stieg er auf, als ihm 1999 der Literaturnobelpreis verliehen wurde. Grass starb am 13. April 2015 im Alter von 87 Jahren. Beileidskundgebungen trafen aus aller Welt ein – und Dank.

■ Repräsentant der deutschsprachigen Literatur der Gegenwart

Abb. 6: Günter Grass auf dem Blauen Sofa, Berlin 2007

Das Leben des Günter Grass

Herkommen und Kindheit

Günter Grass wurde am 16. Oktober 1927 im Danziger Vorort Langfuhr in eine kleinbürgerliche Familie geboren. Die Eltern hatten einen kleinen Kolonialwarenladen; der Vater, protestantisch, entstammte einer alteingesessenen Handwerkerfamilie; die Mutter, katholisch, war kaschubischer Herkunft und hatte die meisten Verwandten noch auf dem Land. Seit dem Versailler Vertrag gehörte die Stadt Danzig nicht mehr zum Deutschen Reich, war vielmehr Freistaat und weitgehend eingeschlossen von der Republik Polen.

Grass und seine Eltern waren deutschorientierte Freistaatler, die Verwandten der Mutter Polen. So erlebte Grass die konfessionelle wie auch die nationale Spaltung am eigenen Leib. Er wurde katholisch getauft und »lässig« katholisch erzogen, aber doch so, dass er sich in allen Ritualen der katholischen Kirche auskannte.

Im Freistaat Danzig und in der eigenen Familie erlebte er, wie der Ruf »Heim ins Reich« immer lauter zu hören war und von den Nationalsozialisten ausgenutzt wurde. Vater Grass trat 1936 als »der typische opportunistische Mitläufer«[31] in die NSDAP ein, die 1933 bereits über die absolute Mehrheit im »Danziger Volkstag« verfügte. Grass gibt zu: »... ich bin, wie die meisten, in Danzig freiwillig ins Jungvolk gegangen. Das hatte einen ungeheuren Reiz ...«.[32] Später, in den letzten Kriegsjahren, kam er zum Reichsarbeitsdienst, wurde Flakhelfer und zur Wehrmacht eingezogen, als er noch keine 17 Jahre alt war.

■ Erfahrungen mit dem Nationalsozialismus

Am Ende des Krieges kommt er in amerikanische Gefangenschaft und wird im Rahmen der »Umerziehung« durch das Konzentrationslager Stutthof geführt. Hier und später beim Verfolgen der Nürnberger Prozesse erfährt er, welche Gräueltaten von den Nationalsozialisten begangen worden waren: »Als Neunzehnjähriger begann ich zu ahnen, welch eine

■ Kriegsende und »Umerziehung«

31 Heinrich Vormweg, *Günter Grass mit Selbstzeugnissen und Bilddokumenten*, 3., erg. und aktual. Aufl., Reinbek bei Hamburg 1996, S. 23.

32 Vormweg (s. Anm. 31), S. 23.

Schuld unser Volk wissend und unwissend aufgehäuft hatte, welche Last und Verantwortung meine und die folgende Generation zu tragen haben würde.«[33]

Es dürfte nicht zu viel gesagt sein, dass mit diesem Eingeständnis der Schlüssel für das Werk des Autors gegeben ist, dass aus dieser Einsicht die vielfältigen Engagements des Literaten abzuleiten sind.

Nachkriegszeit

Nach der Entlassung aus der Kriegsgefangenschaft schlägt sich Grass mit Gelegenheitsarbeiten durch, bis er erfährt, dass seine Eltern aus Danzig abgeschoben wurden und notdürftige Unterkunft in Niederaußem im Rheinland gefunden haben. An der Zukunftsplanung entzündet sich der Streit. Vater Grass will seinen Sohn als Bürolehrling unterbringen, der aber besteht darauf – »Ich werde Bildhauer«[34] – und geht nach Düsseldorf.

Ausbildung in Düsseldorf

Grass folgt damit einem Impuls, den er in seiner früheren Danziger Jugend erhalten hat. Die Startmöglichkeiten in Düsseldorf sind äußerst schlecht. Die Kunstakademie ist noch geschlossen, und Grass nimmt eine Praktikantenstelle als Steinmetz und Steinbildhauer an. Außerdem holt er in Düsseldorf nach, was er durch den Krieg versäumt hat: Er liest, was ihm in die Finger kommt; er zeichnet, wo sich eine Gelegenheit bietet; 1948 wird er in die Kunstakademie aufgenommen. Als Student besucht er Kinos,

33 Volker Neuhaus, *Schreiben gegen die verstreichende Zeit. Zu Leben und Werk von Günter Grass*, München 1997, S. 11.
34 Vormweg (s. Anm. 31), S. 29.

Theater, Kunstausstellungen. Von Düsseldorf aus unternimmt er Autostopp-Reisen nach Italien und Frankreich. Trotz allem drängt es ihn Ende 1952 weg. Anfang 1953 wechselt er nach Berlin.

Experimentierphase in Berlin

Fasst man die Düsseldorfer Zeit als »Inkubationszeit«[35], so kann man die erste Berlin-Phase mit dem Erscheinen des Debüt-Gedichtbandes und den frühen Stücken *Beritten hin und zurück, Noch zehn Minuten bis Buffalo* als Experimentierphase charakterisieren. Der endgültige Durchbruch folgt, als Grass mit seiner Frau Anna »Anfang 1956 nach Paris« geht – mit dem Vorsatz, »ein dickes Buch [zu] schreiben«.[36]

Die Blechtrommel

Grass hat erzählt und beschrieben, unter welchen Bedingungen *Die Blechtrommel* in Paris entstand, wie er mit dieser Arbeit vor seinen Schweizer Schwiegereltern bestehen wollte, wie er Zuspruch bei befreundeten Schriftstellern suchte, wie er zwar auch die Erinnerung an das verlorene Danzig stärken, jedoch vor allem zeigen wollte, welcher Verbrechen sich die Deutschen insgesamt schuldig gemacht hatten und »dass alles am helllichten Tag geschehen ist«[37].

Dieser Roman, der von den einen mit Jubelrufen begrüßt, von anderen mit Entsetzensschreien verdammt wurde, begründet den Ruhm des Schriftstellers Grass.

Politische Bemühungen

Von allen politischen Bemühungen, die Grass auf sich nahm, sind die des Es-Pe-De-Trommlers die be-

35 Vormweg (s. Anm. 31), S. 39.
36 Vormweg (s. Anm. 31), S. 41.
37 Vormweg (s. Anm. 31), S. 45.

Abb. 7: Günter Grass und Willy Brandt, 1972

kanntesten und am meisten diskutierten. Schon 1961 bietet er Willy Brandt, dem damaligen Berliner Oberbürgermeister, Formulierungshilfe an, als dieser von Bundeskanzler Adenauer im Wahlkampf diffamiert wird. Später – in den Wahlkämpfen 1965, 1969 und 1972 – tritt er selbst als Wahlredner auf; »allein und ohne Absprache mit der Partei«[38]. Er setzt sich als Bürger für die SPD ein, die sich seit dem Godesberger Programm 1959 als Volkspartei versteht. Dieser Partei traut er die Reformen zu, die seiner Meinung nach zur Überwindung der restaurativen Politik der regieren-

38 Neuhaus (s. Anm. 33), S. 37.

den Parteien und deren Kanzler Adenauer, Erhard und Kiesinger notwendig sind. Um Reformen geht es ihm, nicht um Revolution. Damit gerät er später in Gegensatz zu den radikalen Studentengruppen, die kubanische und vietnamesische Revolutionäre unterstützen zu müssen glauben. Sein Programm – wenn es denn ein solches ist – veranschaulicht er im Bild der Schnecke. Unter dem Titel *Aus dem Tagebuch einer Schnecke* fasst er seine Erfahrungen aus dem Wahlkampf 1972 zusammen, reflektiert aber zugleich allgemein über Bedingungen und Möglichkeiten einer Politik im Interesse der Bürger. Dort stellt er gleich zu Beginn die These auf: »Die Schnecke, das ist der Fortschritt.«[39]

Der bildende Künstler

Als Bildhauer hat Grass seine künstlerische Laufbahn 1947 in Düsseldorf begonnen und in Berlin fortgesetzt. Schreiben war Nebenbeschäftigung, bis er sich voll und ganz dem Konzept der »Danziger Trilogie« widmete. In Zeiten des direkten politischen Engagements im Wahlkampf war wohl auch das Zeichnen zu kurz gekommen. Erst nach 1972 kehrt er »konzeptionell und programmatisch zur bildenden Kunst, zum Zeichnen und Radieren, später auch zum Lithographieren zurück«[40]. Gestalten wie den Butt und die Rättin vergegenwärtigt Grass sich und dem Publikum zugleich in bildlicher wie in sprachlicher Darstellung. Zeichnen dient diesem Schriftsteller

39 Günter Grass, *Aus dem Tagebuch einer Schnecke*, Darmstadt/Neuwied 1972, S. 9.
40 Neuhaus (s. Anm. 33), S. 133.

»als Katalysator: Es filtert, klärt, konkretisiert«[41]. Zugleich schafft es Verbindung »zur sichtbaren Wirklichkeit, zwingt zur Konzentration auf Sichtbares, auf die Gegenstände«[42]. Zeichnen ist für ihn eine andere Möglichkeit, um Dinge zu erfahren und zu verstehen. Der Frage, ob er nun Schriftsteller oder Graphiker sei, steht Grass in gutem Sinne verständnislos gegenüber. In der Einführung zu dem Bildband *In Kupfer, auf Stein* erläutert er: »Ich zeichne immer, auch wenn ich nicht zeichne, weil ich gerade schreibe oder konzentriert nichts tue. Und auch beim Zeichnen schreiben sich Sätze fort, die angefangen auf anderem Papier stehen«[43]. Auch seine Lyrik steht in Wechselbeziehung zu seinem graphischen Werk: »Oft sind die Graphiken gezeichnete Gedichte; und viele Gedichte umschreiben Konturen, stufen Grautöne ab.«[44]

Neue Adressen

Dem Privatleben ist das unstete Leben des engagierten politischen Schriftstellers nicht förderlich. Anna und Günter Grass leben sich auseinander, trennen sich und lassen sich 1978 scheiden. Grass setzt sich auch räumlich von Berlin ab und erwirbt in dem holsteinischen Dorf Wewelsfleth ein Fachwerkhaus, das er für seine Belange ausbaut. Ein vielleicht neben-

41 Jens Christian Jensen, *Günter Grass als Bildkünstler*, in: *Text+Kritik. Zeitschrift für Literatur*, hrsg. von Heinz Ludwig Arnold, H. 1: *Günter Grass*, 6., aktual. Auflage 1988, S. 72.

42 Jensen (s. Anm. 41), S. 60.

43 Günter Grass, *In Kupfer, auf Stein*, Göttingen 1986, S. 7.

44 Grass (s. Anm. 43), S. 7.

sächlicher Grund für den Wohnortwechsel könnte die gesuchte Nähe zur Ostsee sein.

Es ist nicht der letzte Umzug. Die endgültige Adresse – seit 1986 – wird Behlendorf sein, nicht weit von Lübeck entfernt. Zu diesem Zeitpunkt hat Grass schon weitere Wohn- und Arbeitsquartiere in Dänemark und in Vale des Eiras in Portugal. Zur Ausstattung von jedem dieser Schreiborte gehörten Stehpult und eine Olivetti-Schreibmaschine.

Die Zeit des Herumirrens ist für Grass vorbei, als er die Kirchenmusikerin Ute Grunert kennenlernt. Am 19. Mai 1979 heiraten sie und bleiben zusammen, bis der Tod sie trennt.

■ Eheschließung mit Ute Grunert

Die geteilte Welt und das geteilte Deutschland bestimmen in dieser Zeit die Politik. Grass mischt sich einerseits in die politischen Debatten ein, andererseits sucht er Kontakt zur Literatur und zu den Literaten auf der anderen Seite der Grenze und der Mauer. Er trifft mit Kolleginnen und Kollegen in Ost-Berlin zusammen und lernt die Lebensbedingungen im real existierenden Sozialismus kennen und deren Wunsch nach Reformen. Als dann 1989 die Mauer fällt, ist er skeptisch und kritisch gegenüber dem vom Westen bestimmten Einigungsprozess.

■ Der Fall der Mauer

Das politische Geschehen und seine eigene kritische Einschätzung verarbeitet er in dem 1993 begonnenen und 1995 ausgelieferten Roman *Ein weites Feld.* Nicht ohne Grund nimmt der Titel eine Lieblingswendung des alten Briest aus Theodor Fontanes Roman *Effi Briest* auf. In der Romanfigur Fonty spiegelt

■ Attacken gegen *Ein weites Feld*

Grass das Leben des großen Realisten des 19. Jahrhunderts und sein eigenes. Zugleich lässt er diesen Fonty die großen Umbrüche erleben, mit denen die Vereinigung der Teile Deutschlands verbunden ist. Als der »Spiegel« in seiner Ausgabe vom 21. August 1995 auf der Titelseite zeigt, wie Marcel Reich-Ranicki, der selbsternannte Literaturpapst der Zeit, dieses Buch öffentlich zerreißt, beginnt eine allgemeine Attacke, gegen die der Autor nicht ankommt. Auf 490 Seiten dokumentiert der Steidl-Verlag später die gesammelten Rezensionen des Romans unter dem Titel *Der Fall Fonty. »Ein weites Feld« von Günter Grass im Spiegel der Kritik*.

Der Literaturnobelpreis

Dann die große Wende: Das Nobelpreiskomitee der Schwedischen Akademie in Stockholm spricht Günter Grass für das Jahr 1999 den Literaturnobelpreis zu, den der Autor im Dezember 1999 aus der Hand des schwedischen Königs entgegennimmt: siebenundzwanzig Jahre nach Heinrich Böll, dreiundfünfzig Jahre nach Hermann Hesse, siebzig Jahre nach Thomas Mann. Zustimmung kommt aus der ganzen Welt. In Lübeck läuten die Glocken. Der Verlag bestellt dreihundert Tonnen Papier, da er mit Massenbestellungen des Grass'schen Werks rechnet. Und tatsächlich steigt die Zahl der Bestellungen nach Bekanntgabe des Nobelpreises in den darauffolgenden Stunden und Tagen enorm an.[45]

45 Catrin Bialek, »Die Nobelpreisankündigung löst beim Verlag Steidl einen Boom aus – 30 000 Bücher in zwei Stunden verkauft«, in: *Der Tagesspiegel* vom 6. 10. 1999. (www.

In seiner »Rede anlässlich der Verleihung des Nobelpreises für Literatur am 7. Dezember 1999« reflektiert Grass die Rolle des Schriftstellers und bekennt:

Die Rede in Stockholm

»Jeder Schriftsteller ist in seine Zeit hineingeboren, er mag noch so oft beteuern, zu früh oder zu spät gekommen zu sein. Nicht er stellt sich selbstherrlich das Thema seiner Wahl, vielmehr ist es ihm vorgegeben. Ich jedenfalls habe nicht frei entscheiden können. Denn wäre es einzig mir und meinem Spieltrieb zufolge gegangen, hätte ich mich nach rein ästhetischen Gesetzen erprobt und so unbeschwert wie harmlos im Skurrilen meine Rolle gefunden.

Aber das ging nicht. Widerstände waren da. Aus deutscher Geschichtsträchtigkeit geworfen, lagen Trümmer- und Kadaverberge zuhauf. Diese Stoffmasse, die sich, indem ich sie abzutragen begann, vergrößerte, war nicht wegzublinzeln. Zudem komme ich aus einer Flüchtlingsfamilie. Deshalb hat sich zu allem, was einen Schriftsteller von Buch zu Buch treiben mag – üblicher Ehrgeiz, Furcht vor Langeweile, das Triebwerk der Egozentrik – die Gewißheit vom unwiederbringlichen Verlust der Heimat als anstiftende Kraft bewiesen. Erzählend sollte die zerstörte, verlorene Stadt Danzig, nein, nicht zurückgewonnen, jedoch beschworen werden.

tagesspiegel.de/wirtschaft/die-nobelpreisankuendigung-loest-beim-verlag-steidl-einen-boom-aus-30-000-buecher-in-zwei-stunden-verkauft/96566.html. Stand: 21. 08. 2018.)

Diese Schreibobsession hat mich angestachelt. Ich wollte, nicht frei von Trotz, mir und meinen Lesern ins Bild bringen, daß das Verlorene nicht spurlos im Vergessen verschwinden muß, vielmehr durch die Kunst der Literatur wieder Gestalt gewinnen kann: in all seiner Größe und jämmerlichen Kleinlichkeit, mit seinen Kirchen und Friedhöfen, den Geräuschen der Schiffswerften und dem Geruch der anschlagenden Ostsee, diesem stallwarmen Gemaule, mit Sünden, die zur Beichte taugten, und mit seinen geduldeten und verschuldeten Verbrechen, denen keine Beichte die erwünschte Absolution erteilen konnte.«[46]

Vorbehalte

Trotzdem: In die Glückwunschreden und Kommentare mischten sich vorsichtige Vorbehalte. So schrieb Martin Bewerunge in der *Rheinischen Post*:

»Der Lorbeer der schwedischen Akademie mag einem Mahner wider das Vergessen von Krieg und Nazi-Terror gegolten haben. Erhalten hat ihn jemand, der im eigenen Land zuletzt vielfach nur noch als notorischer Nörgler wahrgenommen wurde.«

Eine Zeitlang durfte sich Grass noch einmal als das Gewissen der Nation und als Präzeptor Deutschlands fühlen. Dann erlebte er einen neuen Einbruch. Unter dem Titel *Beim Häuten der Zwiebel. Bericht aus frü-*

46 Günter Grass, *Fortsetzung folgt ... Rede anlässlich der Verleihung des Nobelpreises für Literatur*, Göttingen 1999, S. 40.

hen Jahren veröffentlichte er 2006 einen autobiographischen Text, in dem er seine Kindheit und Jugend, aber auch Genaueres über seinen Einsatz im Krieg und seine Kriegsgefangenschaft preisgab. Jetzt erfuhr die Öffentlichkeit, dass Grass selbst Mitglied der Waffen-SS war. Nachträglich versuchte der Autor die Bedeutung dieser Tatsache herunterzuspielen. Er schrieb, dass er damals wohl die Waffen-SS als eine Eliteeinheit angesehen habe, »die jeweils dann zum Einsatz kam, wenn ein Fronteinbruch abgeriegelt, ein Kessel wie der von Demjansk, aufgesprengt, oder Charkow zurückerobert werden mußte. Die doppelte Rune am Uniformkragen war mir nicht anstößig«[47].

■ Mitglied der Waffen-SS

Das späte Bekenntnis schockierte. Kritiker fragten sich, ob Grass wohl mit dem Literaturnobelpreis ausgezeichnet worden wäre, wenn diese Tatsache früher bekannt gewesen wäre. Es dauerte wieder eine Zeit, bis sich die Wogen glätteten und bis die Novelle *Im Krebsgang* erschien und noch einmal einen großartigen Erfolg zeitigte.

■ Das späte Geständnis

Als Günter Grass am 13. April 2015 starb, war alles vorbereitet. Er hatte seinen Sarg eigenhändig gezimmert und genaue Anweisungen für seine Beerdigung auf dem Friedhof in Behlendorf gegeben. Würdigungen in allen Medien. Beileidsbekundungen aus aller Welt. Eine große Gedenkfeier mit viel Politprominenz, darunter Bundespräsident Gauck.

■ Todestag 13. April 2015

47 Günter Grass, *Beim Häuten der Zwiebel*, Göttingen 2006, S. 126.

Werke des Autors

Lyrik

Erste Aufmerksamkeit erregte Grass durch die Veröffentlichung einiger lyrischer Texte. Später folgten thematisch orientierte Sammelbände.

1955 »Lilien aus Schlaf«. Gedicht. In: *Akzente. Zeitschrift für Dichtung* 2 (1955), Nr. 3. (Erste Veröffentlichung überhaupt.)
1956 *Die Vorzüge der Windhühner.* Gedichte und Grafiken.
1960 *Gleisdreieck.* Gedichte mit Zeichnungen des Verfassers.
1967 *Ausgefragt.* Gedichte und Zeichnungen.
1971 *Gesammelte Gedichte.*
1974 *Liebe geprüft.* Gedichte.
1993 *Novemberland.* Gedichte.
2003 *Letzte Tänze.* Gedichte und Bilder.
2004 *Lyrische Beute.* Gedichte und Zeichnungen.
2007 *Dummer August.* Gedichte, Lithographien, Zeichnungen.
2012 *Was gesagt werden muss.* Politisches Gedicht.
Europas Schande. Politisches Gedicht.
Eintagsfliegen. Gedichte.

Epik

Das Hauptinteresse – weltweit – gilt den Romanen und Erzählungen des Autors.

»Danziger Trilogie«:

1959 *Die Blechtrommel.* Roman.
Der 30-jährige Oskar Matzerath, der durch einen absichtlich herbeigeführten Unfall klein geblieben ist, entschließt sich, den Aufenthalt in einer Heil- und Pflegeanstalt zu nutzen, um seine Lebensgeschichte und die seiner Familie aufzuschreiben. Er beginnt bei der mutmaßlichen Zeugung seiner Mutter auf einem ostpreußischen Kartoffelacker im Jahr 1899 durch den Brandstifter Koljaiczek. Oskar selbst wurde 1924 als Sohn des Kolonialwarenhändlers Alfred Matzerath oder seines Onkels Jan Bronski in einem Vorort von Danzig geboren und erlebt das Erstarken des Nationalsozialismus, die Machtergreifung und den Zweiten Weltkrieg. Nach 1945 kommt er nach Düsseldorf und nimmt regen Anteil an der Nachkriegs-Kulturszene.

1961 *Katz und Maus.* Eine Novelle.
Ungefähr 15 Jahre nach Kriegsende versucht der Ich-Erzähler Pilenz sich selbst Rechenschaft über sein Verhalten während des Zweiten Weltkriegs zu geben: »Was mit Katz und Maus begann, quält mich noch heute«. Damals hat er eine Katze auf den überdimensionalen Adamsapfel seines frühreifen Mitschülers Joachim Mahlke gesetzt, ohne die Folgen zu beden-

ken. Um sich vor weiterem Spott zu schützen, suchte Mahlke Möglichkeiten, zu renommieren. Doch er gewinnt nicht die Achtung, die er erwartet. Am Ende desertiert er aus der Wehrmacht und kommt dabei – vermutlich – um.

1963 *Hundejahre.* Roman.

Drei verschiedene Erzähler berichten von der Kriegs- und Nachkriegszeit. Eduard Amsel schreibt das erste, in »Frühschichten« unterteilte Buch, das bis zum Krieg reicht. Harry Liebenau ist für das zweite Buch zuständig, das in der Form von Liebesbriefen, die an Tulla Pokriefke gerichtet sind, die Lebensverhältnisse während des Krieges schildert. Das dritte, in »Materniaden« unterteilte Buch stammt von Walter Matern, einem gleichaltrigen Blutsbruder von Eduard Amsel. Matern berichtet, wie er im Nachkriegsdeutschland als »Anti-Nazi« ehemalige Nationalsozialisten dadurch entnazifiziert, dass er ihre Frauen und Töchter verführt und mit seinem Tripper ansteckt.

1969 *örtlich betäubt.* Roman.

Während der Schüler- und Studentenproteste im Berlin des Jahres 1967 unterzieht sich Studienrat Starusch, Lehrer für Deutsch und Geschichte, einer langwierigen zahnärztlichen Behandlung. Während der Behandlung und in den Zwischenzeiten reflektiert er seine eigene Biographie und seine Möglichkeiten als Lehrer, in einer kritischen Zeit Orientierung zu finden und zu geben.

1972 *Aus dem Tagebuch einer Schnecke.* Roman.

1977 *Der Butt.* Roman.

1979 *Das Treffen in Telgte.* Erzählung.
Die Erzählung, die dem Koordinator der »Gruppe 47«, Hans Werner Richter, gewidmet ist, versetzt die Leser in die Schlussphase des Dreißigjährigen Kriegs. In Telgte, einem Ort, der zwischen den politisch und diplomatisch wichtigen Städten Münster und Osnabrück liegt, haben sich die bedeutendsten Autoren der Zeit versammelt – u. a. Simon Dach, Grimmelshausen, Friedrich von Logau, Paul Gerhardt – und tragen ihre literarischen Streitigkeiten aus. Große Mühe geben sie sich mit einem »Friedensaufruf der deutschen Poeten«, der allerdings ein Opfer der Flammen wird, ehe er die Öffentlichkeit erreicht.

1980 *Kopfgeburten oder Die Deutschen sterben aus.* Roman.
1986 *Die Rättin.* Roman.
1992 *Unkenrufe.* Erzählung.
1995 *Ein weites Feld.* Roman.
1999 *Mein Jahrhundert.* Erzählungen.
2002 *Im Krebsgang.* Eine Novelle.
2006 *Beim Häuten der Zwiebel.* Autobiographisches Werk.
2008 *Die Box.* Fortsetzung vom *Häuten der Zwiebel.*
2010 *Grimms Wörter.* Fortsetzung von *Die Box.*

2015 *Vonne Endlichkait.* Lyrik, Prosa, Illustrationen. [Mit Manuskripten, Zeichnungen und Layoutentwürfen zum Gestaltungsprozess von Grass' letztem Buch.]

8. Rezeption

Im Februar 2002 brachte der Steidl-Verlag in Göttingen die Erstauflage der Novelle heraus. Innerhalb von einer Woche waren 250 000 Exemplare verkauft oder vom Buchhandel geordert. Gleichzeitig wurden Übersetzungen in zehn Sprachen vereinbart.

Während die vorangegangenen Werke des Autors wie *Ein weites Feld* und *Mein Jahrhundert* mit deutlicher Kritik aufgenommen worden waren, überhäuften die ersten Ankündigungen und Rezensionen der Novelle *Im Krebsgang* den Verfasser mit Lob. »Ja, ja, dreimal Ja – Günter Grass ist mit diesem schmalen Werk ein großer Wurf gelungen«, urteilte Harald Asel am 5. Februar 2002 im Hauptstadtradio von SFB und ORB[48]. Der Tenor ist in fast allen Rezensionen gleich. Häufig wird darauf hingewiesen, dass der Autor mit diesem Werk thematisch an die »Danziger Trilogie« anknüpfe und dass sein *Krebsgang* einen Vergleich mit *Katz und Maus*, der erfolgreichen Novelle aus dem Jahr 1961, nicht zu fürchten brauche.

■ »dreimal Ja«

Kritisch wird von Anfang an mit dem indirekt erhobenen Anspruch des Buches, seines Erzählers und seines Autors umgegangen, dass hier zwar spät, aber doch erstmalig »dem Elend der ostpreußischen Flüchtlinge Ausdruck« (S. 99) gegeben werde. Mit der Aufzählung von Veröffentlichungen von Siegfried

■ Erst jetzt?

48 Harald Asel in »Inforadio« vom *SFB* (*Sender Freies Berlin*) und *ORB* (*Ostdeutscher Rundfunk Brandenburg*) am 5. 2. 2002.

Lenz, Alexander Kluge, Walter Kempowski und W. G. Sebald wird der Gegenbeweis geführt. Doch wird zugleich eingeräumt, dass keiner der genannten Autoren breitere Aufmerksamkeit gefunden hat.

Sachbuch oder poetisches Werk

Ein verzweigter kritischer Diskurs wird darüber geführt, ob der Text eher mit literarischen oder mit politischen Maßstäben zu messen sei. »Die Versuchung ist groß«, schreibt Andreas Pecht in der *Rhein-Zeitung,* »zwei getrennte Urteile über *Im Krebsgang* abzugeben: ein politisches und ein literarisches. Ersteres würde enthusiastisch ein […] wunderbar formuliertes Sachbuch feiern […]. Literarisch aber würden wir […] das dokumentarische und pädagogische Übergewicht des Werkes bemängeln.«[49] Vorgeschlagen wird, das Buch als »Dokumentar-Novelle«[50] zu bezeichnen. Eine vergleichbare Einschätzung liegt von Sandra Leis vor: »Grass zeigt sich in dieser Novelle entschieden stärker als Homo politicus denn als Homo poeticus.«[51] Von solcher Trennung will Marius Meller nichts wissen. Er meint: »Es lohnt sich nicht, Günter Grass zu lesen, wenn man grundsätzlich etwas gegen moralische Literatur hat. Grass ist nun einmal durch und durch Moralist und wird das auch bleiben […]. Aber: Warum keine moralischen Geschichten, wenn sie nur gut sind?«[52]

moralische Literatur

49 Andreas Pecht in *Rhein-Zeitung* vom 7. 2. 2002.
50 Pecht (s. Anm. 49).
51 Sandra Leis in *Der Bund* vom 7. 2. 2002.
52 Marius Meller, »›Das musste aufschraibn, biste ons schuldig‹. Über die Aktualität moralischer Literatur, Günter Grass und

Dass das neueste Werk von Günter Grass mit Beifall aufgenommen wird, ist auch für Ulrich Raulff von der *Süddeutschen Zeitung* keine Frage. Er urteilt: »Der Beifall gilt dem Tabubrecher [...]. Man wird ihm auf die Schulter klopfen. Recht geschieht es ihm. Nur mit Literatur hat das nichts mehr zu tun.«[53] Das überaus harte Urteil wird kaum begründet. Wer die These widerlegen oder auch bestätigen will, wird zuerst einmal darlegen müssen, wie er den Begriff »Literatur« definieren möchte.

Einzig Dirk Knipphals von der *taz*, jener Zeitung, bei der der fiktive Paul Pokriefke angeblich eine Zeitlang beschäftigt war, formuliert – trotz märchenhafter Verkaufszahlen und trotz Jubel und Trubel um den neuen Günter Grass – Einwände, die zur Stellungnahme herausfordern. Seine Thesen lauten:

> »Dies ist zum einen ein literarisch tapeziertes historisches Feature rund um die Versenkung eines Schiffes [...].
> Zum anderen aber ist es ein oberflächliches Traktat darüber, wie die NS-Ideologie immer wieder an die gesellschaftliche Oberfläche kommt.
> Zum Dritten ist es eine seltsam verrutschte, immer nur wieder angerissene und im Ganzen erzählerisch versenkte Familiengeschichte.«[54]

seine neue Novelle ›Im Krebsgang‹«, in: *Frankfurter Rundschau* vom 9. 2. 2002.

53 Ulrich Raulff in *Süddeutsche Zeitung* vom 5. 2. 2002.

54 Dirk Knipphals, »Schiffskatastrophen und andere Untergänge«, in: *taz* vom 20. 2. 2002.

9. Wort- und Sacherläuterungen

Der Erzähler ist auf der Suche nach genauen Informationen. Dabei macht er sich in verschiedenen Bereichen kundig und teilt sein Wissen meist detailliert und oft in der passenden Fachsprache mit.

Zum Verständnis des Werkes ist es nicht erforderlich, die verschiedenen U-Boot-Typen unterscheiden zu können. Weder die technischen Details der Schiffe, noch die soldatischen Ränge der Heer- und Schiffsführer, nicht die wechselnden Kapitäne und auch nicht die Frontstädte des Krieges muss man im Einzelnen kennen, um die geschilderten Zusammenhänge und die Intention des Erzählers und des Autors zu verstehen. Die Erklärungen beschränken sich folglich auf solche Wörter und Sachverhalte, die, wenn sie unbekannt sind, zu Verstehensblockaden führen.

5 **in memoriam:** (lat.) ›zur Erinnerung, zum Gedenken an‹. Oft gebrauchte Aufschrift auf Grabdenkmälern und Todesanzeigen.

7,10 **Springer-Zeitung:** Als eher rechtsgerichtete Zeitungen aus dem Axel-Springer-Verlag gelten *Bild* und *Die Welt*.

7,11 **»taz«:** linksgerichtete Berliner Tageszeitung.

8,12 **Mac:** Kurzform für Macintosh, Computermarke der Firma Apple.

8,12 **Modem:** Gerät zur Datenübertragung über die Telefonleitung.

8,18 **Chatroom:** von engl. *to chat* ›schnattern, quatschen‹

und *room* ›Raum‹. Schriftlich geführte Unterhaltung zwischen zwei oder mehreren Partnern. Die Chat-Partner verstehen sich als Gruppe, die sich in einem virtuellen Raum trifft, wobei der Einzelne anonym bleiben und sich einen Phantasienamen zulegen kann.

8,19 **Junk-Mail:** von engl. *junk* ›Kram, Müll‹ und *mail* ›senden, versenden‹; unerwünschte Werbung und Informationen, die in den elektronischen »Briefkasten« (Mail-Account) geworfen werden.

9,13 **Hans Castorp:** Figur aus Thomas Manns Roman *Der Zauberberg*. Hans Castorp, der sieben Jahre Patient im Lungensanatorium in Davos war, wird am Ende des Romans in den Ersten Weltkrieg entlassen.

9,24 f. **Observatorium:** wissenschaftliches Institut zur Beobachtung astronomischer, geophysikalischer oder meteorologischer Vorgänge.

10,12 **Ortsgruppen:** Gebietseinheiten innerhalb der Organisation der NSDAP. Eine Ortsgruppe bestand aus mindestens 50, höchstens 500 Parteimitgliedern. Die Ortsgruppe war in Blocks und Zellen aufgeteilt. Der Ortsgruppenleiter war für die politische Zuverlässigkeit der Gruppe verantwortlich.

10,20 **Röhmputsch:** die offizielle Bezeichnung für die von Hitler veranlasste Ermordung des Stabschefs der SA, Ernst Röhm, und anderer SA-Führer im Jahr 1934.

11,6 **Chattern:** Chat-Partnern. Personen, die im Chatroom miteinander chatten, also kommunizieren.

11,8 **Usern:** Anwendern, Benutzern; von engl. *to use* ›gebrauchen, verwenden‹.

12,3 **Koschneiderei:** Landschaft östlich von Danzig.

12,4 **Langfuhr:** Vorort von Danzig. Schauplatz weiter Teile der *Danziger Trilogie.*

12,30 **Torpedoboot:** kleines, schnelles Kriegsschiff, dessen Hauptwaffe Unterwassergeschosse, also Torpedos sind.

13,5 **U-Boot:** ein zum Tauchen und zur Unterwasserfahrt geeignetes Kriegsschiff, dessen Hauptaufgaben der Torpedoangriff und das Legen von Minen sind.

14,5–8 **der »Weißen« und … der »Roten«:** Bezeichnung für die Bolschewiken und Menschewiken. Im Laufe der russischen Revolution setzten sich die »roten« Bolschewiken unter Lenin gegen die »weißen« Menschewiken durch.

16,5 **Physikum:** Zwischenprüfung für Medizinstudenten.

16,19 **Davidstern:** Der Davidstern wurde von den Juden seit biblischen Zeiten als religiöses und staatliches Symbol verehrt. Die Nationalsozialisten veranlassten, dass alle Juden ab dem sechsten Lebensjahr den gelben Stern sichtbar tragen mussten. Ziel war, die Juden als minderwertig und rechtlos zu deklassieren.

18,9 f. **Publizistik am Otto-Suhr-Institut:** Das der Freien Universität zugeordnete Institut befindet sich in Berlin-Dahlem, ist nach dem sozialdemokratischen Politiker Otto Suhr (1894–1957) benannt und forscht im Bereich Politik und Öffentlichkeitsarbeit.

18,23 **Tutu:** Tüllröckchen für Balletttänzerinnen.

18,31 **Figurinen:** kleine antike Statuen.

19,11 **Kassiber:** (jidd.) heimliche Briefbotschaft in und aus dem Gefängnis.

23,31 **Komsomol:** kommunistischer Jugendverband, der alle Jugendlichen vom 14. bis zum 26. Lebensjahr in der Sowjetunion umfasste.

27,9 f. **Ehrendolch der SA:** die SA (»Sturmabteilung«) war eine 1921 gebildete militärisch organisierte und uniformierte Kampf- und Schutztruppe der NSDAP, die eine wesentliche Rolle im Kampf um die Erringung der Macht spielte. Den Ehrendolch (Dienstdolch) bekamen ab 1934 Mitglieder verliehen, die bereits vor Dezember 1931 in die SA eingetreten waren und ihren Dienst ununterbrochen verrichtet hatten.

30,3 **TU:** Technische Universität in Berlin.

30,10 f. **creative writing:** (engl.) *creative* ›kreativ‹, *write* ›schreiben‹. Schreibkonzept, das keinen festen Handwerksregeln, sondern schöpferischen Impulsen folgt.

31,12 **Halstuch und im Blauhemd:** Erkennungszeichen der FDJ. Die Freie Deutsche Jugend war die einzige zugelassene Jugendorganisation der DDR und bezeichnete sich selbst als sozialistische Massenorganisation.

31,25 **Revanchist:** jemand, der auf Revanche, also Rache sinnt; in der kommunistischen Terminologie Bezeichnung für die Gegner der Sowjetisierung Osteuropas.

33,4 **Freistaat:** seit dem 19. Jahrhundert Begriff für einen freien Staat, der keiner Monarchie unterstellt ist. Der Freistaat Danzig existierte vom 10. Januar 1920 bis zum 1. September 1939, dem Beginn des Zweiten Weltkriegs.

34,20 **Hakenkreuzfahne:** Das Hakenkreuz war seit 1920 das Kennzeichen der NSDAP. Die Hakenkreuzfahne wurde ein wichtiges Mittel zur Massenbeeinflussung.

Am 15. September 1935 wurde sie zur Reichs- und Nationalflagge.

36,6 **Frontsoldaten:** Ehrenhafte Bezeichnung für solche Soldaten, die im Ersten Weltkrieg an einer Kampfhandlung teilgenommen hatten.

37,9 **Jünger:** Ernst Jünger (1895–1998) nahm als Kriegsfreiwilliger am Ersten Weltkrieg teil und verarbeitete seine Erlebnisse literarisch in dem Buch *In Stahlgewittern. Aus dem Tagebuch eines Stoßtruppführers* (1920).

37,16 f. **Alter Kämpfer:** Mitglied der NSDAP aus der Frühzeit der Partei.

40,9 **Faschismus:** abgeleitet von ital. *fascio* ›Bund, Bündel‹. Sammelbezeichnung für extrem rechtsgerichtete, nationalistisch und diktatorisch ausgerichtete Regimes.

41,14 **Zwangsarisierung:** Bezeichnung für die Enteignung der Juden und die Überführung ihres Eigentums in arischen, also nichtjüdischen Besitz.

42,32–43,1 **Mutlangen, Pershing-2-Raketen und Sitzblockaden:** Stationen und Methoden der Friedensbewegungen, die sich in den 80er Jahren vor allem gegen die amerikanische und westliche Hochrüstung richteten.

44,26 **Trabi:** Trabant, seit 1958 Automodell der DDR.

46,19 **»Völkischen Beobachter« (VB):** Der *Völkische Beobachter* trug den Untertitel »Kampfblatt der nationalsozialistischen Bewegung Großdeutschlands« und war von 1920–45 die Parteizeitung der NSDAP.

48,19 **Führerzitate aus »Mein Kampf«:** *Mein Kampf* ist der Titel des Buchs, in dem Hitler seine Welt- und Lebensanschauung darlegte. Der 1. Teil entstand

1924 während seiner Festungshaft (s. Erläuterung zu 51,23 ff.), der 2. Teil erschien 1927.

51,13 **über die Toppen geflaggt:** Fahnen bis über die oberen Masten (Toppen) gesetzt.

51,23 ff. **Marsch zur Feldherrnhalle ... Landsberger Festungshaft:** Am 8. und 9. November 1923 war ein Putschversuch Hitlers in München gescheitert. Hitler wurde zu fünf Jahren Festungshaft verurteilt, im Dezember 1924 aber frühzeitig entlassen. Während der Haft verfasste er den ersten Teil von *Mein Kampf* (s. Anm. zu 48,19).

54,23 **Krippe:** genauer: Kinderkrippe. Einrichtung der DDR, die der Aufsicht des Gesundheitsministeriums unterstand und in der Kinder bis zum Alter von drei Jahren betreut wurden.

56,28 **Volkspolizei:** Die Deutsche Volkspolizei war im Selbstverständnis der DDR ein Organ der sozialistischen Staatsmacht mit polizeilichen, aber auch militärischen Aufgaben.

58,2 **Ostmark:** germanisierende Bezeichnung für Österreich.

61,27 **Zahlmeisterassistent:** Hilfskraft des Zahlmeisters. Ein Zahlmeister ist ein Militärbeamter, der für die Geschäfte der Heeresverwaltung zuständig ist.

65,4 **Plutokraten:** Anhänger der Plutokratie (Geldherrschaft), eine Staatsform, bei der Reichtum für die Auswahl der Machthaber bestimmend ist.

66,8 **Kaldaunen:** Kutteln, essbares Rindsgekröse.

67,11 **SED-Mitglied:** Die Sozialistische Einheitspartei Deutschlands (SED) entstand aus dem 1946 erzwungenen Zusammenschluss der SPD und der KPD in der sowjetisch besetzten Zone und in Ostberlin, wurde zur Staatspartei und verstand sich als die von allen anerkannte führende Kraft bei der Verwirklichung des Sozialismus. Mitglieder wurden als Genosse und Genossin angeredet.

67,12 **Tischlereibrigade:** Als Brigade wurde in der DDR ein aus mehreren Arbeitern bestehendes Kollektiv bezeichnet, das nach produktionstechnischen Gesichtspunkten zusammengefasst war. Die Tischlereibrigade ist ein »volkseigener Betrieb«, der nach der Wende privatisiert, also »abgewickelt« wurde.

71,6 f. **Bürgerkrieg ... General Franco ... Falange:** Hinweise auf den Spanischen Bürgerkrieg (1936–39), in dem Faschisten und Sozialisten mit auf beiden Seiten internationaler Beteiligung kämpften; als Sieger ging Franco mit seiner faschistischen Staatspartei (Falange) hervor.

77,11 **»Hundejahre«:** Roman von Günter Grass; der dritte Teil der »Danziger Trilogie«.

79,4 **Per Henrik Ling:** schwedischer Dichter (1776–1839) und Begründer der schwedischen Heilgymnastik.

79,7 **Arbeitsdienst:** Der Reichsarbeitsdienst war seit 1935 eine staatliche Einrichtung, durch die alle Jugendlichen ab 18 Jahren zu einem sechs Monate dauernden Arbeitseinsatz verpflichtet wurden.

80,22 **Westerplatte in Danzig-Neufahrwasser:** Auf der Westerplatte unterhielt Polen ein Munitionslager. Mit Beschießung der polnischen Befestigung begann am 1. September 1939 der Zweite Weltkrieg.

81,11 **Hitler-Stalin-Paktes:** Nichtangriffspakt, der im August 1939 zwischen dem Deutschen Reich und der Sowjetunion abgeschlossen wurde. Er wurde im Juni 1941 von den Deutschen gebrochen, die die Sowjetunion ohne Kriegserklärung überfielen.

85,29 f. **Ufa-Filme:** Filme der Universum Film AG.

99,19 **Nemmersdorf:** Ort in Ostpreußen, der von russischen Truppen erobert und dann von deutschen Truppen für kurze Zeit zurückerobert wurde. In der Wochenschau wurde verbreitet, wie sich russische Soldaten an der deutschen Zivilbevölkerung gerächt hatten.

101,21 f. **Ilja Ehrenburg:** russischer Schriftsteller (1891–1967), der 1921 nach Paris emigrierte, dann 1940 nach Moskau zurückkehrte. Er verfasste Aufrufe an die russischen Truppen, hemmungslos Rache an den Deutschen zu nehmen, auch an der deutschen Zivilbevölkerung.

112,19 **NKWD:** Die 1934 als »Volkskommissariat« gegründete Institution hatte die Bekämpfung der inneren Gegner zum Ziel.

118,16 f. **Homunkulus:** Verkleinerungsform von lat. *homo* ›Mensch‹, also ›Menschlein‹. In Goethes *Faust* erzeugt Wagner ein »Menschlein« nach Anweisungen von Paracelsus.

123,16 f. **Erkennungsmarken:** Metallmarken, die im Krieg von Soldaten um den Hals getragen werden und zur Feststellung der Identität von Gefallenen dienen.

123,18 f. **Wunderwaffen:** Propagandabezeichnung für die V-(»Vergeltungs«-)Waffen, die entwickelt wurden.

124,7/11 **[Konferenzen von] Jalta und Potsdam:** Konferenzen der Staatschefs der alliierten Regierungsmächte im Jahr 1945, in denen sie über die Behandlung Deutschlands nach Beendigung des Zweiten Weltkriegs berieten und entschieden.

124,26 **Endsieg:** Propagandabezeichnung für einen trotz aller Niederlagen von den Nazis in Aussicht gestellten positiven Ausgang des Weltkriegs.

138,2 **Motorpinasse:** nach der Barkasse das zweitgrößte Beiboot der Kriegsschiffe.

144,26 **Arie »Stirb und werde«:** Anspielung auf Goethes Gedicht *Selige Sehnsucht*, gedichtet am 31. Juli 1814.

156,18 **Luftmarschalls Harris:** Arthur Harris (1892–1984), Chef des britischen Bombenkommandos im Zweiten Weltkrieg, der für weiträumige Flächenbombardements eintrat.

158,11 **Siegesrune:** Runen sind älteste Schrift- und Zauberzeichen der Germanen. Die Nazis kultivierten diese Erinnerungen an die germanische Vorzeit.

160,9 f. **revisionistischen Geschichtsrelativismus:** Geschichtsbetrachtung, deren Ziel es ist, eingetretene historische Entwicklungen rückgängig zu machen.

161,14 **Gagarinstraße:** Nach dem russischen Kosmonauten Juri Gagarin (1934–1968), der am 12. April 1961 als Erster in einer Raumkapsel die Erde umkreiste, wurden in vielen Städten der DDR Straßen benannt.

169,9 **»Archipel Gulag«:** Strafgefangenenlager der Sowjetunion. Auch der Name eines Werks des russischen Schriftstellers und Literaturnobelpreisträgers Alexander Issajewitsch Solschenizyn.

184,28 **philosemitisches Gebaren:** besonders judenfreundliches Verhalten.

191,17 f. **das legendäre Bernsteinzimmer:** kostbarer, nach dem Krieg unauffindbarer, mit Bernsteinschmuck ausgestatteter Raum der Zarenfamilie.

203,29 f. **Pfarrer Hintze mit seiner »Rote-Socken-Kampagne«:** Wahlkampfstrategie, vom damaligen Generalsekretär der CDU, Peter Hintze, gegen die linken Parteien, vor allem gegen die PDS, gerichtet.

203,30 **PDS:** Partei des Demokratischen Sozialismus, Nachfolgepartei der SED.

203,31 **den Dicken:** Gemeint ist Bundeskanzler Helmut Kohl (CDU), der 1998 die Mehrheit im Bundestag verlor.

204,3 **Reps:** Kurzform für Mitglieder der rechtsgerichteten Partei der Republikaner.

206,23 f. **Hamburgs Alsterhaus … Berlins KaDeWe:** bekannte Großkaufhäuser in Hamburg und Berlin.

211,29 **Stutthof:** Ort an der Danziger Bucht zwischen Danzig und Elbing, in dem die Nationalsozialisten ein Konzentrationslager einrichteten.

10. Prüfungsaufgaben mit Lösungshinweisen

Betrachtet man einen Text als Gewebe, wie es das Wort, das vom lateinischen Wort *texere* ›weben, flechten‹ abgeleitet ist, erlaubt, so kann man dieses gewebte Werk als ein Ganzes sehen und beurteilen; es gibt aber auch die Möglichkeit, Teile und Ausschnitte oder besonders geartete Verknüpfungen einzeln zu betrachten und zu erklären. Eine solche Betrachtungsweise wird in den folgenden Aufgaben eingefordert. Voraussetzung ist, dass der Betrachter oder die Betrachterin einen Überblick über den ganzen Text hat, hier also: über die ganze Novelle.

Aufgabe 1: Literarische Charakteristik

Von den Hauptpersonen der Novelle sind einige historisch nachweisbar, unter anderem Wilhelm Gustloff, David Frankfurter und Alexander Marinesko; andere sind vom Autor erfunden, nämlich Tulla Pokriefke, ihr Sohn Paul und ihr Enkel Konrad. Zusätzliche Informationen über die historisch belegten Personen sind außerhalb des Textes zu erhalten; die fiktiven oder fiktionalen Figuren lernt man aus dem Text kennen. Dabei ist im Falle des Krebsgangs zu beachten, dass Tulla Pokriefke und der »Alte« bereits ein Vorleben von außerhalb dieses Textes mitbringen. Tulla Pokriefke, die aus dem Hintergrund handelnde Hauptfigur des Textes, ist dem Leser aus früheren Werken des Autors Günter Grass bekannt. In dem »Alten« spiegelt sich der Autor selbst.

Zur Charakterisierung einer Figur wie der von Tulla Po-

kriefke kann alles herangezogen werden, was über sie und von ihr im Text gesagt wird. Von unterschiedlichem Gewicht ist, was Paul, der Sohn und Erzähler, und was Konrad, der Enkel, zu sagen haben. Besonders zu beachten sind die über den ganzen Text verstreuten, in lesbar gemachtem ostpreußischen Dialekt wiedergegebenen Selbstaussagen Tullas, aus denen ihre Lebensgeschichte ableitbar ist.

Arbeitsauftrag 1: Charakterisieren Sie Tulla Pokriefke aus der Novelle *Im Krebsgang* von Günter Grass, indem Sie die verschiedenen Lebensabschnitte und Wendepunkte herausarbeiten und ihre Weltsicht beurteilen.

Lösungshinweise

Figurendaten

Tulla Pokriefke, geboren 1927, Überlebende der *Gustloff*-Katastrophe

Lebensgeschichte und Weltanschauung Tulla Pokriefkes

I. Kindheit in Danzig

- aufgewachsen in einer proletarischen Arbeiterfamilie
- von Eigensinn geprägte Kindheit
- Tischlergesellin
- Straßenbahnschaffnerin
- »Männertick«

II. Flucht und Rettung trotz Untergang der *Gustloff*
- Erinnerungen an das Ferienschiff und an »Kraft durch Freude«
- Glaube an die »Vorsehung«
- Geburt des Sohnes im Zeichen des Untergangs
- Tod der »Kinderchen«
- der »Russki« als Feindbild

III. »Umsiedlerin« in Schwerin
- »Einquartierung« in der Lehmstraße
- Nachkriegszeit in der sowjetisch besetzten Zone, später DDR
- überzeugte Stalinistin
- »Verdiente Aktivistin« im »Arbeiter- und Bauern-Staat« (S. 90)
- Abwicklung der DDR
- Kontakt zu Enkel Konrad und dessen Förderung

IV. Rückblick und weiterführende Überlegungen
Wie ist zu erklären, dass Tulla Pokriefke so sehr daran gelegen ist, dass die »Geschichte der Gustloff« aufgeschrieben wird? Wie beurteilen Sie das?

Es sollte herausgearbeitet werden, dass Tulla Pokriefke die Wendungen der deutschen Geschichte von der Nazi-Zeit bis zur Wiedervereinigung am eigenen Leib erfahren hat. Sie ist ohne Religion aufgewachsen und keiner Ideologie direkt verfallen. Sie versucht, pragmatisch durchs Leben zu kommen. Dabei glaubt sie bis zum Schluss, dass die *Gustloff* »aijenlich ain scheenes Schiff« (S. 206) gewesen ist. Die Nazizeit redet sie sich schön; sich selbst sieht sie als Opfer der Geschichte. Ihr Feindbild konkretisiert sich im »Russki«, der das Schiff zerstörte und die »Kinderchen« umbrachte.

Aufgabe 2: Analyse und Interpretation von Schlüsselstellen des Textes

Historisch belegt ist der Mord des Juden David Frankfurter an dem Nationalsozialisten Wilhelm Gustloff am 4. Februar 1936 in Davos. In Gustloff sahen die Nationalsozialisten einen »Blutzeugen« ihrer Weltanschauung, also der Nazi-Ideologie.

Auf der Internetseite »www.blutzeuge.de« diskutieren Jahrzehnte später Konrad Pokriefke, der Sohn des Erzählers, und ein zunächst unbekannter David in den Rollen David Frankfurters und Wilhelm Gustloffs über die Geschichte und die Bedeutung des Schiffes »Gustloff«. Die Kontroverse steigert sich zum Streit, in dem Konrad seinen Widersacher tötet.

Arbeitsauftrag 2: Analysieren Sie den Diskurs zwischen »Wilhelm« und »David« von »Es war, als spielte sich dieser Schlagabtausch im Jenseits ab« (S. 48) bis »Zwei Spaßvögeln saß ich auf, die es blutig ernst meinten« (S. 49), indem Sie die vorgebrachten Thesen und Argumente herausarbeiten. Erläutern Sie die Stellungnahme des Erzählers, der meint, es mit zwei »Spaßvögeln« zu tun zu haben, die es »blutig ernst« meinen. Beurteilen Sie diese Aussage.

Lösungshinweise

Einleitung

Themeneingrenzung: Vom Chatroom bis zur persönlichen Begegnung: Die Entwicklung des Rollenspiels von Wilhelm und David.

Hauptteil

I. Die Einschätzung des Diskurses
- »Schlagabtausch«, »Internet-Dialog«, »Streit« oder eine Art Pingpong zwischen Freunden?

II. Der Schlagabtausch zwischen Wilhelm und David
- Thesen und Argumente der Diskutanten
- Spielerisch gemeinte Beleidigungen – Textbelege?
- Problemfrage: War die »Tat« Frankfurters gerechtfertigt oder nicht? War das »Motiv«, Gustloff zu erschießen, akzeptabel oder nicht?
- Thesen:
  – Wilhelm: Die Tat war ein Verbrechen, weil …
  – David: Die Tat war notwendig, weil …

III. Eine noch ironisierte ideologische Begründung
- Wilhelm: Dein – also Frankfurters – Mord war ein Auftrag
- David: Die Tat geschah nicht »auf Geheiß des Weltjudentums« (S. 49)

IV. Die vorläufige Einschätzung des Erzählers

Im digitalen Netz diskutiert Konrad Pokriefke als Rollenträger Wilhelm Gustloffs mit »David« als Rollenträger Frankfurters. Die Kontroverse wird auf verschiedenen Ebenen geführt: als Diskurs – »bitterernst« und »verbissen« –, als gegenseitige Beleidigung in einer Art »Jux«, als eine Art Frage-Antwort-Spiel. Die Standpunkte sind fest, die Urteile standpunktgeprägt. Für Konrad war die »Tat« ein Verbrechen, für David der Versuch einer als notwendig eingeschätzten Befreiung.

Aufgabe 3: Analyse der Gerichtsrede Konrad Pokriefkes

Die Gustloff-Katastrophe ist, novellistisch gesehen, das eine unerhörte Ereignis, das erzählt wird, das andere besteht in der Erschießung Wolfgang Stremplins durch Konrad Pokriefke am 20. April 1997 in Schwerin. Wie einst Frankfurter in Chur, so muss sich Konrad Pokriefke nun in Schwerin vor Gericht verantworten.

Arbeitsauftrag 3: Analysieren Sie Konrad Pokriefkes Rede vor dem Schöffengericht von »Konrad machte eine Pause…« (S. 192) bis »Wahnvorstellungen, die durch Gutachten mehr oder weniger überzeugend analysiert worden sind« (S. 193).

Lösungshinweise

Einleitung

Der Prozess gegen Konrad Pokriefke: Wie ist die »Tat«, durch die Konrad Pokriefke seinen Freundfeind getötet hat, zu bewerten? Wie stellt der Angeklagte selbst die Tat dar?

Hauptteil

I. Die Redesituation

- Verteidigungsrede des Angeklagten vor Richter, Schöffen, Staatsanwalt, Familie und Publikum
- Verständnis für »Tat« Frankfurters

II. Konrads Standpunkt

- Deutung seiner »Tat« als »Hinrichtung«
- Selbstherrliche Ernennung zu Richter und Strafvollstrecker
- Plädoyer für eine Umwertung der Werte

III. Die Reaktion des Richters und des Erzählers

- Das Eingreifen des Richters
- Beurteilung seitens des Vaters und Erzählers: Ideologisch begründeter »Irrsinn« und »Wahnvorstellungen«

IV. Das Urteil: Konrad wird zu »sieben Jahren Jugendhaft« (S. 197) verurteilt.

Die Redesituation als Teil eines Gerichtsprozesses, in dem der Angeklagte vor Klägern, Richtern und Publikum

Gelegenheit hat, sich zu verteidigen, muss erläutert werden. Konrad Pokriefke steht zu seiner »Tat«, sieht in ihr aber eine »Hinrichtung«, keinen Mord. Gemäß nationalsozialistischer Ideologie versteht er sich als Richter und Urteilsvollstrecker, der den jüdischen Feind bekämpfen müsse. Richter und Erzähler müssen die Darlegungen als ideologisch verblendete Provokation entschieden zurückweisen und verurteilen.

11. Literaturhinweise / Medienempfehlungen

Textausgaben

In dem vorliegenden Band wird nach der folgenden Ausgabe zitiert:

Günter Grass: Im Krebsgang. Eine Novelle. Göttingen [12]2016.

Die mehrfach erwähnte »Danziger Trilogie«, bestehend aus den Teilen *Die Blechtrommel*, *Katz und Maus* und *Hundejahre*, ist in mehreren Sonderausgaben zu haben.

Zwei Gesamtausgaben der Werke von Günter Grass liegen vor:

Günter Grass: Werkausgabe in 10 Bänden. Hrsg. von Volker Neuhaus. Darmstadt/Neuwied 1987.

Günter Grass: Werkausgabe in 16 Bänden. Hrsg. von Volker Neuhaus und Daniela Hermes. 16 Bände und 23 CDs. Göttingen 1997.

Zur Biographie des Autors

Boßmann, Timm: Der Dichter im Schussfeld. Marburg 1997.

Brode, Hanspeter: Günter Grass. München 1979. (Autorenbücher. 17.)

Jürgs, Michael: Bürger Grass. Eine deutsche Biografie. München 2015.

Mayer-Iswandy, Claudia: Günter Grass. München 2002.

Neuhaus, Volker: Schreiben gegen die verstreichende Zeit. Zu Leben und Werk von Günter Grass. München 1997.

Pelster, Theodor: Literaturwissen: Günter Grass. Stuttgart 1999. (Reclams Universal-Bibliothek. 15220.)

Vormweg, Heinrich: Günter Grass in Selbstzeugnissen und Bilddokumenten. 3., erg. und aktual. Aufl. Reinbek b. Hamburg 1996.

Zu *Im Krebsgang*

Über Hintergründe der Gustloff-Katastrophe berichten:

Aust, Stefan / Rudolf Augstein (Hrsg.): Die Flucht. Über die Vertreibung der Deutschen aus dem Osten. München 2005.

Schön, Heinz: Die »Gustloff«-Katastrophe. Bericht eines Überlebenden über die größte Schiffskatastrophe im Zweiten Weltkrieg. Stuttgart [6]2002.

Zur Novelle

Aust, Hugo: Novelle. 5., überarb. und erg. Aufl. Stuttgart 2012.

Karthaus, Ulrich: Novelle. Bamberg 1990.

Kunz, Josef: Die Novelle. In: Knörrich, Otto: Formen der Literatur. Stuttgart 1981.

Medien

Die Verfilmung des Ereignisses, das in der Novelle behandelt wird, ist als Video zu beziehen:

Nacht fiel über Gotenhafen. Regie: Frank Wisbar. Drehbuch: Frank Wisbar, Victor Schuller. BRD 1959. 99 Min.

Eine Dokumentation zum Untergang der *Wilhelm Gustloff* ist online zu sehen:

Die große Flucht. Teil. 2: »Der Untergang der Gustloff«. ZDF 2001. 44 Min. Auf: www.youtube.com/watch?v=81q1ADc64H8.

Interpretation

Hille, Markus: Günter Grass: Im Krebsgang. Freising 2014.

12. Zentrale Begriffe und Definitionen

Allegorie: griech. *allegoría* ›bildliche Rede, Gleichnis‹. Die Allegorie ist ursprünglich eine Vergleichsrede: Etwas, das gemeint ist, wird anders (griech. *állo*), nämlich bildlich gesagt. Erwartet wird aber, dass der Zuhörer nicht nur das Gesagte, sondern auch das Gemeinte versteht.
So verspricht der Erzähler der vorliegenden Novelle, in einer Art »Krebsgang« seine Untersuchungen zu betreiben. Dieser »Krebsgang« ist als Allegorie zu verstehen. Später erklärt er etwas genauer, wie er methodisch vorgehen will, um herauszufinden, was es mit dem Schiff, mit der Zerstörung des Schiffs und mit den sich anschließenden Deutungen auf sich hat (s. S. 8, 88, 107).
Er setzt des Weiteren darauf, dass der Leser Planung, Blütezeit und Ende des Schiffs als groß angelegte Allegorie versteht. Er gibt dem Untergang des Schiffs zeichenhafte Bedeutung: Der Untergang des Schiffs steht bildlich für den Untergang des sogenannten Dritten Reichs (s. S. 11).
➤ S. 49

Aposiopese: griech. *aposiopáo* ›das Verstummen‹. Die Aposiopese ist eine rhetorische Figur, die der Redner in stark affektbetontem Zusammenhang einsetzt. Indem er nämlich verstummt, vermittelt er, dass er nicht in der Lage ist, sprachlich zu fassen, was ihn bewegt.
Tulla Pokriefke gibt zu, dass ihr die Worte fehlen, um zu beschreiben, was auf dem untergehenden Schiff geschah: »›Da hab ech kaine Töne fier …‹« (S. 136). Paul Pokriefke hat Schwierigkeiten mit den Wörtern, gerät selbst zu Be-

ginn ins Stocken: »Weil die Wahrheit kaum mehr als drei Zeilen …«, »Weil jetzt erst …« (S. 7).

➤ S. 73

Aufbau: ➤ Struktur

Autor: lat. *auctor* ›Gewährsmann, Bürge; Schöpfer, Schriftsteller‹; der Verfasser und Urheber eines literarischen oder wissenschaftlichen Werks.

Autor der Novelle *Im Krebsgang* ist Günter Grass.

➤ S. 51–54, 87–99

Dialekt: griech. *diálektos* ›Redeweise‹. Innerhalb – manche meinen: unterhalb – der ➤ Einheitssprache regional begrenzte Varianten einer Sprache, die eine eigene Lautung und teilweise einen eigenen Wortschatz und eigene grammatische Regeln haben. Sie werden meist mündlich tradiert.

Von besonderer Bedeutung sind die im ostpreußischen Dialekt formulierten Selbstaussagen Tulla Pokriefkes, die in entsprechender Lautbildung wiedergegeben sind. Indem Tulla Pokriefke die in Danzig beheimatete Mundart im schleswig-holsteinischen Schwerin verwendet, dokumentiert sie ihre Lebensgeschichte und gibt ein Bekenntnis zu ihrer alten Heimat ab. Aufschlussreich ist, dass sie Elemente der ➤ Ideologiesprache wie »Kadääff« in ihre Mundart hineinwachsen ließ.

➤ S. 119

Diskurs: lat. *discursus* ›das Auseinanderlaufen, das Hin- und Herlaufen‹. Eine Gesprächsform, in der unterschiedliche Meinungen bezüglich einer Problemfrage aufeinandertreffen, unterschiedliche Standpunkte zur Sprache kommen und nach einer Lösung und Verständigung gesucht wird.

Wilhelm und David vertreten in der Form eines Diskurses thesenartig entgegengesetzte Standpunkte – im Dialog (S. 49), im Disput (S. 47 f.), am Ende im Streit (S. 48).
➤ S. 17, 54 f.

Einheitssprache: Im deutschsprachigen Raum hat sich im Laufe der Zeit eine gemeinsame Sprachform herausgebildet (Standardvarietät, ugs.: »Hochdeutsch«), die Grundlage einer allgemeinen Kommunikation ist und mit der Massenmedien wie Presse, Rundfunk und Fernsehen alle Deutschsprechenden erreichen, ungeachtet der regionalen sprachlichen Unterschiede. In dieser Einheitssprache erzählt der journalistisch ausgebildete ➤ Erzähler in meist berichtender Art. Mundartliche Aussagen nimmt er als Zitate auf.

Epik: griech. *épos* ›erzählte Dichtung‹. Epik ist neben Lyrik und Dramatik eine der drei Grundgattungen der Literatur. Epik ist die Sammelbezeichnung für jede Art erzählender Dichtung in Vers oder Prosa – als Großform und als Kleinform. Typisch für diese Gattung ist ein berichtender ➤ Erzähler. Über Jahrhunderte galten die umfangreichen Epen Homers als Vorbild bedeutender Autoren. An ihre Stelle ist in Europa der Roman getreten. Bekannte Kurzformen der Epik sind Märchen, Sagen, Legenden, Anekdoten und Kurzgeschichten. Die ➤ Novelle nimmt eine Zwischenstellung ein. Es gibt italienische Novellen, die auf eine Druckseite passen und deutsche Novellen, die den Umfang eines Romans haben.
Grass klassifiziert seinen Text als »Eine Novelle«.
➤ S. 101 ff.

Erzähler: Der Erzähler ist in epischen Werken der Vermittler zwischen den dargebotenen Handlungen, Ereignissen und Gegebenheiten auf der einen Seite und dem Zuhörer oder Leser auf der anderen. Der Erzähler ist nicht identisch mit dem Autor. Häufig gibt sich der Vermittler als ➤ Ich-Erzähler selbst zu erkennen, manchmal bleibt er unerkannt im Hintergrund.

Im *Krebsgang* stellt sich Paul Pokriefke als ➤ Ich-Erzähler vor. Er ist Teil des Geschehens und informiert über seine Lebensgeschichte, seine Lebenssituation und seine Schreibsituation.

➤ S. 43 f.

Erzählzeit: Die für den Erzählvorgang benötigte Zeit; als Leser erkennt man oft an der Seitenzahl eines Buches, welche Lesezeit aufzubringen ist.

Erzählte Zeit: Von der ➤ Erzählzeit unterscheidet sich die erzählte Zeit. Die erzählte Zeit ist der Zeitraum, von dem der Erzähler berichtet, den er darstellt und ausgestaltet.

Paul Pokriefke beginnt seine Erzählung bei der Geburt Wilhelm Gustloffs in Schwerin 1895 (S. 9), streckt seine Erzählung bis in die Erzählgegenwart (das Jahr 1997) und blickt besorgt in die Zukunft: »Das hört nicht auf. Nie hört das auf« (S. 216).

Figur: lat. *figura* ›Gebilde, Gestalt, Erscheinung‹. Literaturwissenschaftler bezeichnen mit »Figur« die Handlungsträger in epischen und dramatischen Werken, um auf das Fiktive des literarischen Charakters hinzuweisen, im Gegensatz zu ➤ Personen, die der historischen Wirklichkeit entnommen sind.

➤ S. 21, 28–42

Gattung: Die verschiedenen Formen der Literatur werden in

Gattungen eingeteilt. Die drei Grundformen sind ➤ Epik, Lyrik und Drama. Diese können wiederum in Untergattungen unterteilt werden. So ist die ➤ Novelle, die Gattung zu der *Im Krebsgang* geordnet wird, eine Untergattung der ➤ Epik.

➤ S. 44

Ghostwriter: engl. *ghost* ›Geist‹ und *writer* ›Schreiber‹; namentlich nicht genannter Autor, der im Namen und Auftrag einer anderen Person Reden, Zeitungsartikel oder ganze Bücher schreibt. Erwartet wird, dass der Ghostwriter die Intention des Auftraggebers erfüllt.
Im *Krebsgang* findet »der Alte« in Paul Pokriefke einen Ghostwriter.

➤ S. 66

Ich-Erzähler: Der ➤ Erzähler ist Teil der Geschichte und berichtet aus seiner Sicht, in der 1. Person Singular, von den Geschehnissen. Trotz dieser Erzählweise ist er eine fiktive Figur und nicht mit dem Autor gleichzustellen.

➤ S. 35 ff., 43 f.

Ideologiesprache: griech. *idea* ›Meinung, Ansicht, Vorstellung; Urbild, Idee, Ideal‹. Als Ideologiesprache bezeichnet man jenen Teil des Wortschatzes, der ideologisch wertende und zur Meinungsbildung einsetzbare Wörter bereithält, die einerseits die bestehende gesellschaftliche Ordnung rechtfertigen und andererseits für eine Änderung zum Besseren werben sollen und können. Neben der Tendenz zur Rechtfertigung und Aufwertung gibt es auch die Tendenz zur Abwertung und Diffamierung der Gegner. Als ideologisch bestimmte und die »bestehende gesellschaftliche Ordnung« rechtfertigende Bezeichnungen galten »Arbeiter- und Bauern-Staat« im Osten und »soziale Marktwirtschaft« im Westen.

Tulla Pokriefke ist, mehr als ihr bewusst ist, ideologisch befangen. Für sie ist die »Gustloff« immer noch das »scheene Schiff«, dessen Name direkt an den »Märtyrer« und »Blutzeugen« erinnert und indirekt an den »Führer«, der von der »Vorsehung« bestimmt war, der »Volksgemeinschaft aller Deutschen« vorzustehen. Abwertend sind ihre Bezeichnungen »Russki« (S. 11) und »Iwan« (S. 97). Paul Pokriefke ist erschüttert, als er Elemente dieses Wortschatzes auf der Hompage »www.blutzeuge.de« (S. 8) und später auf der Grußadresse »www.kameradschaft-konrad-pokriefke.de« (S. 216) liest. Er durchschaut, welche Folgen solche Helden- und Märtyrerverehrungen haben können. Er durchschaut auch die Lüge, die in der von der DDR durchgesetzten Bezeichnung »Umsiedler« für Vertriebene und Flüchtlinge, die ihre Heimat verloren haben, enthalten ist.

Katastrophe: griech. *katastrophé* ›Umkehr, Wendung; Umsturz, Zerstörung, Wendepunkt der Handlung im Drama‹; der entscheidende Wendepunkt am Ende einer Handlung, in der Tragödie die Abwärtsbewegung, an deren Ende der Untergang des Helden steht. Im allgemeinen Sprachgebrauch: jedes folgenreiche, Unglück bringende Ereignis.

➤ S. 11, 54 f.

Legende: lat. *legere* ›sammeln, auslesen, lesen‹. Die Bezeichnung Legende stammt von dem mittelalterlichen Brauch, bei unterschiedlichen Gelegenheiten in Klöstern und Kirchen erbauliche Erzählungen vorzulesen. Die Lebensge-

schichten von Heiligen und Märtyrern sollten die Zuhörer zur Nachahmung und zur Führung eines gottgefälligen Lebens anspornen.
Der Erzähler erschrickt vor der Gefahr, die von der ideologischen Richtung der Geschichten ausgeht und Fanatismus fördert.

➤ S. 14 f., 70, 73

Mundart: ➤ Dialekt

Mythos: griech. *mýthos* ›erdichtete oder sagenhafte Erzählung; alte Sage, ➤ Legende‹. Mythen sind Erzählungen, die ihren Ursprung meist in der Frühzeit der Völker haben und über Jahrhunderte hinweg tradiert wurden. Sie erzählen über die Entstehung der Welt, über Götter und Dämonen und über Helden, die über sagenhafte Kräfte verfügen.
Heldenverehrung war wesentlicher Bestandteil nationalsozialistischer Propaganda.

➤ S. 54

Novelle: lat. *novellus, -a, -um* ›kleine Neuigkeit‹, abgeleitet von *novus, -a, -um* ›neu‹. Eine Art epischen Erzählens. Das Bestimmungswort »novella« wird zur Bezeichnung einer literarischen Art verwendet, die in Aussicht stellt, etwas Neues in Prosa, selten auch in Versform, zu erzählen. Glanzstücke der frühen Zeit stammen von dem Italiener Giovanni Boccaccio (1313–1375) und von dem Spanier Miguel Cervantes Saavedra (1547–1616). Mit einer zeitlichen Verzögerung beginnt die Novellentradition in Deutschland gegen Ende des 18. Jahrhunderts. Zugleich wird intensiv diskutiert, was eigentlich das Besondere einer Novelle ausmache und wie sich diese Art von andern Arten epischer Gestaltung unterscheide. Zahlreiche Definitionsversuche wurden seitdem unternommen, von denen die leicht resignativ geäußerte Erklärung Goethes seinem zeitweiligen Mitarbeiter Eckermann gegenüber die bekannteste ist: »[…] denn was ist eine Novelle anders als eine sich ereignete unerhörte Begebenheit«.

Grass gibt in der Ankündigung seines Textes die Bezeichnung »Eine Novelle« an. Der Erzähler lässt sich von dem ungenannten Alten bestätigen, dass die Geschichte »das Zeug zur Novelle« (S. 123) habe.

➤ S. 10, 44–46, 64 ff.

Person: lat. *persona*; ursprünglich der Schauspieler, der durch eine Maske spricht und eine vorgegebene Rolle spielt, dann aber auch die literarische ➤ Figur, die der Dichter eines Werks erfindet, auch ›Charakter‹ genannt.

Im *Krebsgang* sind die Hauptfiguren wie Tulla, Paul und Konrad Pokriefke fiktiv. Personen wie Wilhelm Gustloff und David Frankfurter hingegen sind der historischen Wirklichkeit entnommen.

➤ S. 21–28

Stoff: Alles, was in der realen Welt ist und geschieht und was zur Darstellung in der Literatur reizt und geeignet ist.

Für die Novelle *Im Krebsgang* lag als Stoff jener Teil der deutschen Geschichte vor, der durch die nationalsozialistische Diktatur, also durch eine gefährliche Ideologie, durch Krieg und Verbrechen, durch Tod und Vertreibung, durch Schuldbewusstsein und Schuldverkennung bestimmt war.

➤ S. 36, 66

Story: engl. *story* ›Geschichte‹. Die *short story* (engl. *short* ›kurz‹) ist eine Form der Kurzepik. Sie hat ihren Ursprung in Amerika und wurde ursprünglich vor allem in Zeitungen verbreitet. Sie wurde Vorbild für die nach dem Zweiten Weltkrieg in Deutschland beliebte Kurzgeschichte. »Story« wird auch die Inhaltsangabe eines Werks genannt. Die ganze Story des *Krebsgangs* besteht aus zwei Handlungssträngen. In dem ersten Strang werden der Bau, die Geschichte und der Untergang der *Gustloff* und damit die Geschichte des sogenannten Dritten Reichs geschildert, der andere Strang behandelt den Diskurs zwischen Konrad und David. Beide Stränge, die ihr Material aus zeitlich weit auseinanderliegenden Epochen beziehen, sind thematisch und inhaltlich verknüpft und bilden zusammen die »story«.

➤ S. 46, 50, 71

Struktur: lat. *structura* ›Gefüge‹. Sowohl inhaltlicher Aufbau und Ablauf der Geschehnisse als auch die formale Gestaltung, das Gerüst eines Textes.

➤ S. 67

Thema: griech. *tithénai* ›setzen, stellen, legen‹. Grund- und Leitgedanke eines literarischen Werks, einer Abhandlung oder eines Auftrags. »Thema« wird auch die Aufgabenstellung einer Untersuchung oder Prüfung genannt.

Wie in den meisten Fällen kann auch das Thema der Novelle *Im Krebsgang* enger und weiter, konkreter und abstrakter gefasst werden. Die Formulierung eines Themas ist oft die Zusammenfassung einer gedanklichen Auseinandersetzung. Einige Themenformulierungen bezüglich der Novelle *Im Krebsgang* als Angebote zur Diskussion:

- Der Untergang der Gustloff am 10. Januar 1945
- Täter und Opfer des Kriegs
- Eine Familientragödie: Die Pokriefkes
- Nationalismus, Nationalsozialismus und Rechtsradikalismus
- Schuldbewusstsein und Schuldverdrängung
- Ideologische Verblendung und die Folgen